성공하는 비즈니스 모델은
어떻게 설계하는가

HOW TO CREATE A SUCCESSFUL

유니콘에서 데카콘까지 가치를 만들고 수익을 실현하는 비즈니스 모델의 성공 방정식

성공하는 비즈니스 모델은 어떻게 설계하는가

이승훈·진영아 지음

BUSINESS MODEL

한스미디어

이 책의 시작은 비즈니스 모델 설계를 위한 지침서를 만드는 데 있었다. 그래서 책의 제목은 '비즈니스 모델 설계'였다. 그런데 이 제목만으로는 이 책의 목적이 기존에 출판된 비즈니스 모델 관련 서적들과 큰 차이가 없어 보였다. 빈칸 채우기 중심의 템플릿을 제공하거나 무수한 사례들로 더 큰 혼동을 주고 있던 기존의 저작들에 대한 반성에서 시작되었는데 막상 출판사에 최종고를 보내고 표지 시안을 받고 보니 기존의 책들과 다름없는 지침서로 보였다. 긴 토론을 거친 끝에 책의 이름에 '성공하는'이라는 관형구를 붙이기로 했다. 이 책을 준비해온 목적은 비즈니스 모델의 설계를 돕는 것이 아니라 '성공하는' 비즈니스 모델 설계를 돕는 것이라는 점을 강조하기로 한 것이다.

지침서를 내는 것은 안전한 일이다. 그 지침서를 바탕으로 비즈니스 모델을 설계하고 이를 성공시키는 것은 지침서를 사용하는 사람의 몫이기 때문이다. 하지만 책 이름에 '성공하는'이라는 관형구를 붙이는 순간 책임감이 생긴다. 이 책이 시키는 대로 비즈니스 모델을 설계하면 성공의 가능성이 커져야 하기 때문이다. 그래서 이 책을 세상에 내놓을 담대함이 필요했다. 그 담대함이 생긴 데는 두 가지 이유가 있다.

첫 번째 그 담대함의 원천은 엑셀러레이터의 파트너로서 수많은 스타트업들을 만나온 공저자 진영아 님의 경험들이었다. 수많은 스타트업들을 자문하고 지도하면서 느꼈던 경험들을 오롯이 이 책들의 내용에 담아주었다. 책의 말미에 스타트업 비즈니스 모델 사례로 들어놓은 모델은 남의 이야기가 아닌 직접 자문 과정에 참여했던 기업들이다. 그러기에 단순히 자료 수집을 통해 얻은 정보가 아니라 실제 세상과 부딪치면서 얻어낸 지혜라고 어느 정도는 주장할 수 있다.

두 번째는 작지만 내가 직접 고민하고 경험한 사업 경험들 때문이다. 비록 대기업의 직장 생활이었지만 싸이월드 사업본부장, 네이트닷컴 본부장, 무선포털본부장, 미디어본부장 등 수많은 사업본부장을 경험했고 보부넷, 인터파크, 디지털아이디어, 디지아트, 수닷컴 등 제법 많은 기업의 CEO를 경험했기에 나름 사업에 대한 경험이 적지는 않았다. 최근에도 2022년에 발간했던 《시작은 옷가게, 목표는 플랫폼입니다》는 패션이라는 산업에서 비즈니스 모델을 만들려 노력을 기록한 책이고 지금은 '쿠마상회'라는 생선회 택배 사업을 진행하고 있다. 즉 그냥 교수가 머릿속으로 그려낸 방법론이 아니라 적지 않은 현실 경험 속에서 만들어진 생각이라는 자신감이 이 담대함을 가능하게 하였다.

이 책은 비즈니스 모델이라는 모호한 단어를 보다 명확하게 하고자 하는 순수한 의도에서 시작되었다. 물론 10년 동안 플랫폼이라는 단어를 고민하고 천착하면서 플랫폼 비즈니스 모델을 조금 더 구체화하고 싶은 생각도 있었다. 이 책은 이제 처음 나왔고 2번의 개정판을 낸《플랫폼의 생각법》과 같이 무수한 논의를 통해 수정해 나가고자 한다. 다시 한번 이 책의 제목에 '성공하는'이라는 관형구를 붙일 수 있게 해준 공저자 진영아 님께 감사드린다.

이승훈

차례

2부
비즈니스 모델 성공의 3가지 조건

1장 가치제안:
시장의 아픔과 고객의 니즈를 해결할 방법을 찾아라

3부
비즈니스 모델 설계는 집 짓기처럼

성공하는 비즈니스 모델 설계하기

비즈니스 모델이라는 단어를 주제로 글을 쓰겠다고 결정한 후에 가장 먼저 맞닥뜨린 문제는 역시 비즈니스 모델이라는 단어였다. 비즈니스 모델이라는 단어는 기존에 우리가 잘 알지 못했던 사업들이 나타나면서 사용되기 시작했다. 비즈니스 모델 특허라는 단어까지 나온 것을 기억해 보면 왠지 독특한 아이디어를 기반으로 한 새로운 사업 방식 정도로 이해했던 것 같다.

그런데 창조경제 시대가 열리면서 비즈니스 모델은 단순한 사업 아이디어에서 사업을 하는 방식이라는 보다 넓은 의미로 진화했다. 새로운 사업을 시작하는 사람이라면 자신의 비즈니스 모델을 갖고 있어야 했다. 상품이나 서비스를 만들어 판매하는 단순한 사업 방식은 왠지 덜 매력적으로 느껴졌다. 뭔가 참신하면서 이전에는 없었던 아이디어를 우리는 좋은 비즈니스 모델이라 부르기 시작했다. 하지만 세상을 새로운 것만으로 모두 채울 수는 없기에 비즈니스 모델은 더 이상 새로운 아이디어로 이해되면 안 된다. 우리가 현재 갖고 있는 비즈니스 모델에 대한 고정관념을 버리는 것이 이 책의 시작이다.

비즈니스 모델을 설계한다는 것은 마치 소설을 쓰는 것과 비슷하다. 종종 사업계획서를 평가하다 보면 "소설 쓰고 있네"와 같은 표현을 하게 되는 경우가 있다. 이 표현은 말도 안 되는 스토리를 말하고 있다는 뜻인데 다르게 생각해보면 나름 조금은 말이 된다는 의미이기도 하다. 물론 긍정적으로 생각할 때의 이야기다. 터무니없는 스토리로는 소설이 되기 어렵기 때문이다. 반면 비즈니스 모델이 나름 창의적이면 '그럴듯하다'는 평가를 받기도 한다. 그런데 생각해보면 소설도 개연성 있다는 평가를 받으면 나름 성공한 것이다. 두 가지 일의 공통점은 나의 스토리를 들어주는 독자 혹은 투자자의 인정을 받아야 한다는 사실이다.

무라카미 하루키는 자신의 자전적 에세이 《직업으로서의 소설가》에서 누구나 소설가가 될 수 있다고 말한다. 누구나 자신만이 가졌다고 생각하는 스토리가 있다면 소설가가 되는 것은 어렵지 않다는 뜻이다. 하지만 성공하는 소설이 되기 위해서는 나름의 오리지널리티가 있어야 하고, 오랜 시간 소설가로 살기(여러 편의 소설을 쓰거나 소설가로 생활을 꾸려간다는 의미로) 위해서는 느리지만 꾸준함이 필요하다고 말한다.

비즈니스 모델 설계에 대한 글을 쓰던 중 이 에세이를 접하게 되었고 비즈니스 모델 설계라는 일과 소설을 쓰는 일이 비슷하게 느껴졌다. 비즈니스 모델도 누구나 설계할 수 있다. 하지만 성공한 비즈니스 모델을 만들기 위해서는 스토리의 견고함과 긴 시간 동안의 인내(투자를 받거나 성공이라는 평가를 받기까지)가 필요하다. 내가 하고자 하는 비즈니스 모델이 이미 세상에 존재한다면 좋은 평가를 받기 힘들다. 이미 성공한 사례가 있다면 나는 늦게 시작하는 복제품이 되는 것이고, 이미 실패한 사례가 있다면 그 실패를 뛰어넘을 만큼 매력적이어야 하기 때문이다. 게다가 불행

히도 투자자들이 나의 사업을 새로운 비즈니스 모델로 인정하는 일은 매우 드물다. 어떤 경우에도 유사한 모델이 존재하기 때문이다. 그러기에 어떤 맥락이든 나만의 오리지널리티가 있어야 한다. 그 크기가 작든 크든 말이다.

승차 공유 플랫폼 우버는 그 어디에도 없었던 모델이었기에 강력한 오리지널리티를 갖고 있었다. 차를 갖고 있으면서 여유시간이 있는 공급자들은 추가적인 소득을 원하고 있었고 미국 대도시의 택시 시스템은 승객들의 이동 욕구를 전혀 해결하지 못하고 있었다. 위워크의 경우도 마찬가지다. 창업이라는 새로운 바람이 불고 있는데 성장의 속도에 맞게 확장이 가능한 사무실을 찾는 것은 매우 힘들었다. 초기 카페를 사무실로 쓰던 창업자들도 가끔일지라도 대형 회의실을 필요로 했다. 먼저 건물주와 협의해 대형 공간을 임대하고 이를 잘게 쪼개서 판매하는 위워크의 공간 공유 비즈니스 모델은 분명히 오리지널의 냄새를 갖고 있었다.

하지만 우버와 위워크가 새로운 비즈니스 모델을 세상에 내놓았을 때 모든 사람이 "와우" 하면서 이들을 반기지는 않았다. 우버는 긴 인고의 시간을 거쳐 이제는 성공한 비즈니스 모델로 인정받았고, 반면 위워크는 자신의 비즈니스 모델을 과대포장한 오류로 인해 파산이라는 결과에 이르게 되었다. 그래서 참는 노력도 많이 필요하고 그 바탕은 견고해야 한다. 따라서 비즈니스 모델을 세상에 입증하는 데는 최소한 두 가지 덕목이 필요하다. 먼저 참신해야 하고 또 단단해야 한다. 아마도 소설도 동일한 덕목이 필요하지 않을까 생각된다. 무언가 세상에 없던 스토리여야 재미가 있고 또 구성 또한 튼튼해야 개연성이 느껴지기 때문이다.

처음 이 책을 쓰기 시작하면서 가제목을 '없는 자들의 비즈니스 모델 설계'로 붙였었다. 즉 이 책은 수많은 무자본 창업자들의 비즈니스 모델 설계를 위한 것이었다. 하지만 기존 기업, 대기업에 몸담고 있는 경영자들도 알고 보면 힘이나 돈이 없기는 마찬가지다. 아마도 한국에서 비즈니스 모델을 설계하겠다는 의사결정을 내릴 수 있는 사람은 오너 외에는 존재하지 않을 것이다. 하지만 비즈니스 환경이 개방되면서 변화의 중심축은 현업을 이해하고 있는 전문가들로 이동하고 있다. 인공지능과 같이 과거에 접근이 어려웠던 기술들이 보편화되고 누구나 어렵지 않게 채용할 수 있는 세상이 되기 시작한 것이다.

비즈니스 모델 설계를 위해서는 새로운 기술을 습득하는 능력이 아닌 지금 내가 속해 있는 산업과 시장에 나타나고 있는 변화의 흐름을 이해하고 새로운 비즈니스를 창조해내는 능력이 필요하다. 결코 화려하거나 고학력이 필요한 것도 아니다. 가장 단순하게는 시장에 이미 존재하는 기회를 찾아내어 비즈니스로 구체화는 방법을 이해하면 되는 것이다. 이 책은 기회를 발견했지만 구체화시키지 못하고 있는 이들을 위해 준비되었다.

1장

비즈니스 모델을
설계하기 전에 알아야 할 것들

비즈니스 모델Business Model은 이제 어디서나 들을 수 있는 단어가 되었다. 하지만 5년 전 플랫폼의 생각법을 쓰기 시작했던 때의 '플랫폼'이란 단어처럼 그 의미가 명확하지는 않다. 아니, 어쩌면 너무 쉬운 단어가 되어버렸을지도 모른다. 하지만 사업을 설계하고 기획하는 사람들에게 이 단어만큼 어려운 단어는 없다.

많은 책에서 비즈니스 모델에 대해 이야기하지만 화려함에 집중한다. 가장 대표적인 예가 '비즈니스 모델 캔버스'로 유명한 알렉산더 오스터왈더Alexander Osterwalder와 예스 피그누어Yves Pigneur가 쓴 《비즈니스 모델의 탄생》이다. 비즈니스 모델 캔버스라는 한 장의 그림과 100장이 넘는 삽화를 제공함으로써 이 영역에서는 독보적인 위치를 확보했다. 인프라, 제안, 고객, 재무라는 네 개의 영역으로 나누어진 9개의 박스를 모두 채우면 비즈니스 모델이 완성된다. 이미 우리에게는 비즈니스 모델 교과서로 인정되고 있다.

비즈니스 모델 캔버스

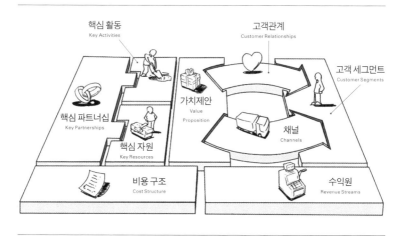

하지만 꼼꼼히 읽어보면 하나의 중요한 문제점이 보인다.* 바로 비즈니스 모델이라는 이름하에 너무 많은 것을 요구한다는 점이다. 비즈니스 모델 캔버스는 우리가 사업을 설계함에 있어 필요하다고 생각되는 거의 모든 것을 요구하고 있다. 과연 사업 초기 비즈니스 모델을 설계함에 있어 이 모든 것을 명확하게 정리하고 계획하는 것이 필요할까 하는 의구심을 느끼게 한다. 하지만 비즈니스 모델 캔버스는 이제 거의 모든 사업계획서에 필수로 채워야 하는 양식이 되었기에 아무도 왜 그래야 하는지 질문을 하지 않고 있다. 대

---

*   비즈니스 모델의 탄생에 대한 리뷰는 필자의 브런치(https://brunch.co.kr/magazine/buzmodel)를 참
     조하기 바란다.

부분의 사람이 이 박스들을 채워내는 데 어려움을 느끼고 있지만 말이다.

새로운 비즈니스를 기획하는 사람들이 원하는 것은 쉬운 비즈니스 모델 설계 방법론이라 생각하기에 사업을 처음 설계하는 입장에서 비즈니스 모델을 다시 고민해보기로 했다.

요즘 유행하는 방식이기에 일단 인공지능으로 '비즈니스 모델'에 대한 정의를 찾아보았다. "What is the business model?"이라는 단순하면서 간단한 질문을 오픈AI Open AI가 제공하는 챗GPT에게 물어보았다. 답은 아래와 같았다.

A business model is a framework for how a company creates, delivers, and captures value. It outlines the key aspects of a company's operations, including its revenue streams, target customers, cost structure, value proposition, and distribution channels.

인공지능이 말하는 비즈니스 모델의 정의는 가치에 집중하고 있다. 즉 비즈니스 모델은 기업이 창조하여 고객에게 전달하는 가치를 만들고 전달하기 위한 프레임워크로 정의하고 있다. 프레임워크라는 일종의 틀로 해석할 수 있는데 사고 체계 정도로 생각할 수도 있어 보인다. 그런데 문제는 여기에 덧붙여서 이를 구현하기 위한 기업의 운영 요소인 매출 흐름, 타깃 고객, 비용 구조, 가치제안, 그리고 유통 채널을 포함한다고 말하고 있다. 시작은 좋았는데 정작 구체화하는 과정에서 모든 것을 다 주워 담은 모양새다. 무언가 진정한 의미를 찾을 때 거대 언어 모델이 갖는 한계를 또 한 번 느낀다. 하지만 가치에 집중하는 시작은 매우 건설적이다. 문제는 너무 가치에만 집중하면 구체적인 그림을 그릴 수 없다는 사실이다. 하지만 단순함은 언제나 일의 시작을 돕는다.

하지만 막상 비즈니스 모델을 설계하려면 쉽지 않다. 아마도 쉽게 설명하는 데 익숙하지 않은 탓도 있겠지만 왠지 비즈니스 모델이 간단하면 좋은 비즈니스가 아닐 것 같다는 편견이 우리를 막고 있는지도 모른다. 최근 플랫폼에 대한 투자가 급격히 줄어들고 있는 것도 좋은 예이다. 한동안 새로운 비즈니스 모델을 들고 투자자를 찾을 때 플랫폼이라는 단어는 무조건 포함되어야 하는 단어였다. 하지만 투자의 겨울이 다가오면서 이제는 수익이 아닌 규모를 통해 성장해야 하는 플랫폼이라는 단어는 투자자들에게는 금기어가 되어버렸다. 반면 단순한 가치사슬 비즈니스 모델을 가지고 투자 유치를 하려고 하면 그 결과는 과거와 동일하다. 복제가 가능하다는 것이 가장 큰 우려이자 투자를 거부하는 이유이다. 이런 이유들로 우리는 가능한 비즈니스 모델을 조금이라도 어렵게 만들려고 노력한다. 하지만 우리가 늘 잊고 있는 언제나 맞는 격언이 하나 있다.

"단순한 것이 아름답다."

비즈니스 모델 설계에 반드시 필요한 원칙들

단순하고 명확한 것이 아름답다

오컴의 면도날Occam's Razor은 단순한 것이 옳을 가능성이 높다는 논리 이론이다. 너무도 많은 상품과 서비스가 존재하기에 새로운 비즈니스를 설계함에 있어 독창성과 혁신성이 무엇보다 중요하다. 하지만 이를 단순하고 명확하게 설명하지 못하면 그 독창성과 혁신성은 양날의 검이 될 수 있다. 복잡한 비즈니스 모델을 실행하기가 어려울 뿐만 아니라 잠재적 투자자 및 고객과의 커뮤니케이션도 복잡해질 수 있기 때문이다. 즉 단순 명쾌한 비즈니스 모델이 더 받아들여지기 쉽고 이해시키기도 쉽다는 것은 분명한 사실이다. 또 하나 단순함이 혁신 부족이나 복제 용이성을 의미하지는 않는다.

　같은 의미에서 비즈니스 모델을 설계함에 있어 피해야 하는 가장 대표적인 실수는 최신 경영 언어들을 포함시키는 것이다. 인공지능, 플랫폼, 구독, 공유경제, 롱테일, 오픈 이노베이션, D2C Direct to Consumer, 비대면 등 무수히 많은 새로운 단어들을 나의 비즈니스 모델과 결합하여 좀 더 멋지게 보이려는 노력만큼 불편한 것은 없다. 구독이라는 단어가 유행하면서 너도나도 구독 모델을 만들려 했던 지난 몇 해를 돌아보면 더욱 그러하다. 그래서 비즈니스 모델을 정리하기 위해서는 더하기가 아니라 빼기를 하는 것이 맞다. 비즈니스 모델은 의외로 간단히 정의하는 것이 정답일 수 있기 때문이다.

　다시 한번 무라카미의 에세이로 잠시 돌아가면 "자신만의 오리지널 문체나 화법을 발견하는 데(소설을 쓰는 데 가장 핵심이라고 필자는 주장한다)는 우선 출발점으로서 나에게 무엇을 플러스해간다는 것보다 오히려 나에게서 무언가를 마이너스해간다는 작업이 필요한 것 같습니다"라는 구절이 나온다. 좋은 소설을 쓰기 위해서는 너무 장황한 문체나 화법이 아니라 단순하고 간명한 이야기가 더 적합하다는 뜻으로 들렸다. 또 한 번 소설을 쓴다는 것과 비즈니스 모델을 설계한다는 것의 공통점이 느껴지는 순간이었다.

　2017년에 발간된 데릭 반 베버 Derek van Bever, 토머스 바트만 Thosmas Bartman, 클레이튼 크리스텐슨 Claten Cristenson이 쓴 〈비즈니

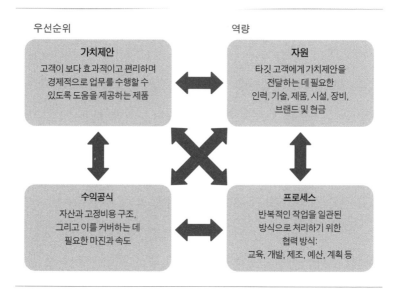

모델 혁신의 불편한 진실)*이라는 글을 보면 단순한 비즈니스 모델 설계의 힌트가 보인다.

하버드 경영대학원 교수들인 이들은 경영대학원에서는 비즈니스 모델을 가르칠 때 다음의 네 가지 요소로 설명한다고 한다. 첫째는 가치제안, 둘째는 자원, 셋째는 프로세스, 그리고 마지막이 수익공식이다. 네 개의 사분면은 우선순위와 역량이라는 두 개로 다시 구분된다. 우선순위는 비즈니스 모델을 설계함에 있어 고객에게 어

---

* The Hard Truth about Business Model Innovation, 2016, *MIT Sloan Management Review.*

떤 가치제안을 하고 이를 어떻게 수익으로 연결시킬 것인가가 설계 Priorities의 영역이고, 이 가치의 구현을 위해 어떤 자원이 필요하고 어떤 프로세스를 통해 가치를 창출할 것인가가 역량Capabilities의 영역이다. 영어로 Priorities라는 표현을 우선순위라 번역했지만 이는 기존 26개 비즈니스 모델의 성공과 실패 사례를 연구한 것이기에 만들어진 표현이다. 새로이 비즈니스 모델을 설계한다는 관점에서 보면 우선순위라는 단어의 의미는 계획 혹은 설계의 뜻으로 보는 것이 좋다. 어떤 가치를 가장 상위에 둘 것인가의 문제와 언제 어떻게 돈을 벌 것인가라는 순서의 문제이기 때문이다. 즉 이들은 비즈니스 모델을 설계와 역량으로 구분해서 보고 있다. 이렇게 두고 보니 매우 간단하면서 명확하다.

우리가 비즈니스 모델 설계를 어렵게 느꼈던 것은 설계와 역량 두 가지를 한 번에 해결하려 했기 때문이다. 하지만 먼저 설계가 되어야 이를 위한 역량인 자원과 프로세스를 준비할 수 있다는 가설을 받아들이면 비즈니스 모델 설계는 가치제안과 수익공식이라는 두 가지 요소만으로 단순해진다. 역량의 준비라는 숙제는 포기하는 것이 아니라 다음 단계로 미루는 것이다. 설계가 밑그림이라면 역량이 포함된 비즈니스 모델 설계는 완성본에 가깝다고 보아야 한다. 하지만 밑그림이 마음에 들지 않으면 그 그림은 완성시키지 않는 것이 좋다. 밑그림을 다시 그리는 것이 현명한 선택이기 때문이다.

물론 내가 현재 가진 역량을 기반으로 비즈니스 모델을 설계하는 경우도 있을 것이다. 한국의 대부분 재벌 기업이 택했던 새로운 비즈니스 모델 설계 방식이라 할 수 있다. 하지만 이 책은 창업을 기본으로 가정하고 있기에 역량은 설계된 가치제안과 수익공식을 실현시키기 위한 역량과 프로세스로 보아야 한다. 즉 설계가 먼저이고 이를 구현하기 위한 역량의 준비는 그 다음 단계로 생각해야 한다. 그래야 단순해지고 명확해진다. 그렇지 않으면 제대로 시작도 못 해보고 박스 채우기 늪에 빠져버린다.

다음은 앞서도 언급한 바 있는 비즈니스 모델 캔버스로 유명한 《비즈니스 모델의 탄생》에 나온 글이다.

> 비즈니스 모델이란 모방이나 벤치마킹을 통해서가 아니라 전혀 새로운 가치를 창조함으로써 수익을 창출하는 새로운 메커니즘이다. 비즈니스 모델 혁신은 고객의 불만 혹은 새롭거나 이전에는 드러나지 않았던 욕구를 충족시키는 독창적인 모델을 설계하기 위해 기존 권위에 도전하는 일이다. 선택지가 반드시 기존의 비즈니스 모델과 완전히 다른 것일 필요는 없다. 경쟁력을 높이기 위해 현재의 비즈니스 모델 범위를 확장시키는 것도 혁신이 될 수 있다.

이 글을 여러 번 읽고 나면 글쓴이가 말하고자 하는 내용이 이해된다. 하지만 처음 읽었을 때는 주장하는 바가 무엇인지 감이 잘 잡히지 않았다. 뭔가 추상적인 주장을 던지고 이후에 설명하려고 하는 시도인데 학문을 위해서라면 모를까 업무에 적용하는 데는 무리가 있다. 무엇이든 이해하지 못하면 실행할 수 없다. 그래서 설명은 반드시 명확해야 한다. 비록 다양한 변형과 예외가 만들어진다 해도 첫 시작점은 간단하고 명료해야 하는 것이다.

그래서 이 책의 처음에 이야기한 대로 아주 단순하고 명확하게 비즈니스 모델을 정의해보고자 한다. 비즈니스 모델의 설계는 그 비즈니스가 어떤 가치를 시장에, 혹은 고객에게 제공할 것인가에서 시작한다. 즉 비즈니스 모델의 시작점은 가치제안이다. 그리고 이 가치제안을 통해 돈을 벌 수 있다는 것을 증명하는 과정이 수익공식이다.

시장의 아픔과 고객의 니즈를 해결

가치제안은 시장의 아픈 지점을 해결하기도 하고 고객의 숨은 니즈를 찾아내서 채워주기도 한다. 어떤 경우에는 고객도 시장도 모르던 방식으로 세상을 조금 더 편리하게 하기도 한다. 가끔 우리가 "참 세상 좋아졌네"라고 말하는 것이 바로 이들이 만들어낸 가치다. 이 가치제안은 영어로 'Value Proposition'이라고 번역하는데 우리말로는 그냥 가치라고 말해도 좋다. 하지만 그래도 너무 비경영학적인 용어를 쓰게 되면 모호함의 혼동이 생기니 여기서도 가치제안이라 부르도록 하자.

　가치제안은 아픔Pain Point과 니즈Needs라는 단어와 언제나 함께 존재한다. 시장에서는 정보의 단절이나 높은 진입장벽으로 인해 아픔이 존재하고 고객의 경우에는 영원히 채워지지 않는 다양한 형태의 니즈가 존재한다. 가치제안은 이 아픔과 니즈에 대한 해결책이다. 가격이 비싸면 싸게 만들고, 불편하면 편하게, 선택지가 적다면 다양하게 만들면 된다. 시장에 정보의 흐름이 막혀 있거나 서로 만나는 것이 어렵다면 막힌 곳을 뚫고 만남의 장을 만들면 된다. 이렇게 만들어낸 가치제안을 세상이 받아들이면 비즈니스 모델은 시작된다. 이 그린 라이트를 받은 후에 그 가치를 창출해내기 위해 자원을 모아야 하고 프로세스가 설계되어야 한다. 이 과정이 순조롭게 진행되지 못하면 아무리 매력적인 가치제안이라도 그냥 제안에 그치게 된다. 하지만 이 자원을 모아내고 프로세스를 설계하는 과정은 매우 다양하고 복잡하다. 언제 얼마나 많은 자원이 필요할지는 사업의 성장에 따라 달라지고 또 그 성장 속도에 따라 달라진다.

　프로세스 역시 마찬가지다. 플랫폼 성장의 원칙을 이야기한 《Blitzscaling》이라는 책에서는 "불길을 타오르게 두라"라는 반직관 전략까지 이야기한다. 사업의 특정 영역에서 문제가 발생하더라도 그냥 두고 성장에만 집중하라는 뜻이다. 우리가 알고 있는 일반적인 경영 프로세스로는 플랫폼 경쟁에서 이길 수 없기 때문이다. 따라서 자원과 프로세스까지 모두 완벽하게 설계하는 것은 일반적인 비즈니스 모델 설계에서는 불가능에 가까운 일이다. 물론 아무런 자원 계획이나 프로세스 없이 비즈니스 모델을 설계하는 것을 불안하게 느낄 수 있다. 하지만 이를 완벽하게 만들기 위해 쏟아야 할 시간이 있다면 나의 가치제안을 보다 정교하게 만드는 것이 더 현명하다. 게다가 자원 계획과 프로세스 설계는 상황에 따라 변화되기 마련이다. 따라서 가치제안을 비즈니스 모델 설계의 시작점으로 삼는 것이 좋다.

돈을 벌 수 있다는 것을 설득

하지만 수익공식을 무시하는 것은 시험에서 일종의 과락을 맞는 것과 같다. 아무리 멋진 가치제안도 돈을 벌지 못하면 사업으로 성립될 수 없기 때문이다. 즉 수익공식은 이 비즈니스 모델이 어떻게 돈을 벌 것인가를 설계하는 것이기에 조금 거칠더라도 그림이 그려져야 한다. 비록 추후에 변동될지라도 이 가치제안을 통해 수익을 창출할 수 있다는 것을 증명하는 것이 비즈니스 모델 설계의 기본이기 때문이다. 즉 수익공식은 돈을 버는 방법을 설명하는 것이 아니라 돈을 벌 수 있다는 가능성을 증명하는 것이다.

가치제안은 아주 훌륭한데 돈을 벌지 못하는 경우가 종종 있다. 결국은 파산에 이르게 된 위워크WeWork가 대표적인 사례이다.

훌륭한 가치제안을 가졌던 위워크는 나름 단순한 수익공식을 제시했다. 하지만 그 공식은 잘 맞아떨어지지 않았다. 공간을 가진 임대업자들은 '공실'이라는 리스크를 피하고 싶기에 큰 공간을 1~2년이라는 고정된 기간으로 임대하기를 원한다. 그래서 단기에 사용할 수 있는 작은 사무실이 존재하지 않았다. 그런데 위워크는 이 리스크를 모두 떠안는 가치제안을 제시한 것이다. 하지만 작게 나누어 단기에 임대를 해도 공실이라는 리스크는 쉽게 사라지지 않았기에 수익공식이 잘 작동하지 않았다. 아니, 테헤란로를 따라 선릉, 삼성동과 같은 창업 수요 밀집 지역에서는 작동했지만 을지로는 그렇지 않았던 것이다.* 한국은 오피스 공실률이 낮은 편이지만 미국의 경우 코로나 팬데믹이 덮치면서 위워크의 수익공식은 완전히 무너져버렸다. 결국 위워크는 파산했고 법원의 회생 결정을 통해 반 이하의 규모로 축소되어 부활을 시도하고 있다. 위워크의 수익공식이 적용되는 시장은 예상보다 크지 않았고 사업계획서에 제시했던 숫자의 30%에도 미치지 못했다. 따라서 수익공식은 가치제안을 받아들이는 시장의 규모와 조화를 이뤄야 한다. 시장이 원하지 않는데 나의 가치제안을 강요할 수는 없으니 말이다. 그래서 우리는 가치제안과 더불어 수익공식을 비즈니스 모델에 포함시켜야 한다.

　사업을 시작하고 투자를 유치해야 하는 단계에 이르면 수익공

---

* 위워크 을지로 지점은 한국에서 유일하게 수익성을 이유로 폐쇄한 곳이다.

식은 더욱더 중요해진다. 자신의 돈만으로 창업하는 것이 아니라면 투자자로부터 투자를 받는 것이 무엇보다 중요하다. 그런데 투자의 성공 여부가 가치제안의 완성도에 따라 결정된다면, 수익공식은 나의 가치제안의 가격을 결정한다. 즉 수익공식의 완성도에 따라 기업가치 수준이 결정되는 것이다. 일반적으로 한국에서 창업을 하고 액셀러레이터의 평가를 받게 되면 대개의 경우 기업가치는 10억~20억 수준에서 결정된다. 액셀러레이터 입장에서 이 이하의 기업가치는 키워갈 의미가 없다고 판단하기에 이 정도 수준의 가치로 5~10%의 지분을 취득하는 것이 일반적이다. 하지만 이 단계가 끝나고 나면 기업의 가치는 얼마만큼의 수익을 창출할 수 있는가를 바탕으로 산출된다. 현재의 수익이 아니라 미래에 이 비즈니스 모델로 만들어낼 수 있는 수익의 규모를 바탕으로 한다. 그래서 수익공식이 중요하다. 어떤 수익공식을 갖고 있는가에 따라 미래의 수익 규모가 결정되기 때문이다. 가치제안은 훌륭하지만 수익공식이 불투명한 경우, 초기 투자는 가능하지만 지속적 성장을 위한 자금 지원을 받는 것이 힘들다.

일반적으로 기업가치를 평가함에 있어 사용되는 이익은 영업이익이다. 영어로 Operating Profit인데 실제 사업을 통해 벌어들인 수익을 의미한다.* 기업은 다양한 경영활동을 할 수 있는데, 예를 들

---

* 여기서 복잡한 회계적인 개념은 배제하자. 영업이익의 개념은 나의 비즈니스 모델을 통해 만들

어 비트코인에 투자해서 번 수익은 영업이익에 포함시키지 않는다. 즉 비즈니스 모델 그 자체를 통해 창출한 이익이 영업이익이다. 영업이익을 EBIT라 하기도 하는데 이는 재무회계상에서 이자비용과 세금을 제외한 이익이라는 뜻이다. 여기에 현금이라는 관점을 강화하여 EBITDA를 사용하기도 하는데, 이를 한글로 번역하면 영업이익Earnings Before Interest and Taxes, EBIT에서 비현금성 비용Depreciation and Amortization을 더한 값이다. 설비투자로 인해 발생하는 감가상각비를 다시 되돌리는 것인데 비현금성 비용인 감가상각비를 비용으로 인정하지 않는 것이다. 이렇듯 기업의 가치를 평가하는 데 다양한 이익 지표가 사용되지만 가장 편하게 사용할 수 있는 지표는 영업이익이다.

따라서 수익공식은 내가 언제쯤 의미 있는 영업이익을 어떤 방식으로 만들어낼 수 있는가를 증명하는 과정이다. 이는 가치제안에서 우리가 스토리를 쓰는 것과는 조금 다른 차원의 일이다. 수익공식은 내가 영업이익을 만들어내는 방식과 더불어 그 규모도 보여줄 수 있어야 한다. 그래서 우리가 창업 교육과정에서 말하는 TAM, SAM, SOM과 같은 시장 규모에 대한 예측도 필요하고 가치제안을 완성하기 위한 자원에 대한 가정도 필요하다. 물론 이 시점에서 완벽한 비용 구조까지 산출하는 것을 기대하지는 않는다. 심지어 매

어낸 수익을 의미한다.

출의 XX%를 수익으로 가정한다와 같은 조금 거친 화법도 가능하다. 설득만 가능하면 말이다. 즉 수익공식은 단순히 수익을 어떻게 만들어낼 것인가를 의미하는 것이 아니라 이 비즈니스 모델이 성공했을 때 예상되는 영업이익의 규모를 보여주는 일이다.

수익공식은 이 비즈니스가 이익을 창출할 수 있음을 증명하는 것을 의미한다. 그런데 가치제안과 수익공식이 섞여 혼동을 일으키는 경우가 있다. 구독형 사업 방식이 대표적 사례이다. 예를 들어 생각해보자. 카페를 운영하는데 커피 한 잔에 5,000원이다. 그런데 새로운 상품으로 한 달에 5만 원을 내면 매일 한 잔의 커피를 마실 수 있는 프로그램을 만들었다. 그런데 이 새로운 프로그램의 등장은 가치제안일까, 아니면 수익공식일까?

기존의 카페 운영과 구독 프로그램을 동시에 운영한다면 이를 새로운 가치제안이라 보기 힘들다. 소비자의 입장에서 타 카페 대비 이 가게의 차별점을 느끼는 것이 어렵기 때문이다. 즉 구독 프로그램이 새로운 가치제안으로 인정받으려면 멤버십 전용 카페가 되어야 한다

이를 새로운 가치제안이라 볼 경우 수익공식에 대한 고민이 시작된다. 멤버십의 도입으로 커피의 판매 단가는 떨어지지만 충분히 많은 사람이 멤버십 가입을 통해 기존보다 높은 매출을 올릴 수 있다는 것을 증명하는 것이 바로 수익공식이다. 내가 타깃으로 하는 시장의 크기와 가격 탄력성을 고려하여 예상 매출을 산출해내면

되는 것이다. 하지만 기존 카페 운영에 멤버십을 추가했다면 단순한 마케팅 프로그램의 추가 정도로 해석하는 것이 바람직하다. 따라서 우리가 경험한 카페 구독 프로그램들의 대부분은 새로운 가치제안이라 부르기에 적합하지 않다.

그런데 그렇지 않은 예들이 있다. 바로 넷플릭스와 같은 경우이다. 이제는 2.6억 명이 넘는 구독자를 갖고 있는 넷플릭스는 콘텐츠 단위 판매Transaction Video on Demand라는 기존의 디지털 영상 수익공식이 일반적이던 시장에 구독형 판매 방식Subscription Video on Demand이라는 비즈니스 모델을 제안하면서 큰 성공을 거두게 된다. 그런데 자세히 들여다보면 이는 수익공식이 아니라 가치제안의 모습이다. 넷플릭스 비즈니스 모델의 매력은 콘텐츠를 개별로 구매하던 방식이 갖고 있는 고객의 불만족을 월 일정 금액을 지불하고 무제한으로 사용할 수 있게 만들어준 가치제안에 있다. 콘텐츠 공급이 급속도로 늘어나면서 소비할 수 있는 양이 늘어났기에 콘텐츠 시장의 공급자와 소비자 모두 기존의 단건판매 방식이 아닌 넷플릭스의 제안을 받아들인 것이다. 이를 넷플릭스의 수익공식으로 바라보는 것은 적정하지 않다.

넷플릭스의 수익공식은 한 달 무제한 사용에 얼마를 과금할 것인가와 이를 통해 창출된 현금의 얼마를 콘텐츠 제작에 투자할 것인가 정도로 보아야 한다. 구독형 콘텐츠 사업 방식이 가치제안이라면, 얼마에 판매하고 콘텐츠 비용에 얼마를 투자할 것인가가 수

넷플릭스 매출 대비 콘텐츠 투자 비율

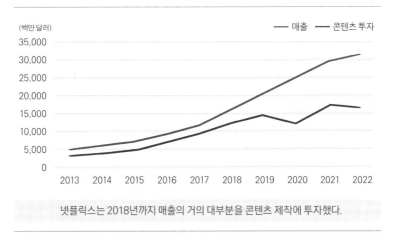

넷플릭스는 2018년까지 매출의 거의 대부분을 콘텐츠 제작에 투자했다.

익공식이 되어야 한다는 것이다. 사용료가 너무 높으면 가격이 진입 장벽이 되어 사용자 수의 증가를 느리게 할 것이고, 콘텐츠 투자 규모가 적으면 볼 것이 없는 서비스가 되기에 역시 사용자 수의 이탈이 발생할 것이다. 즉 넷플릭스의 수익공식은 이 방정식을 풀어내고 언제쯤 넷플릭스가 영업이익을 만들어낼 수 있을지를 설계해내는 것이다.

　이렇듯 커피숍과 넷플릭스의 구독 방식은 표현은 같지만 다르게 해석해야 한다. 이 혼란을 극복하는 가장 좋은 방법은 가치제안의 근본인 고객 니즈와 시장 아픔을 정확히 이해하는 데 있다. 월정액에 커피를 매일 제공하는 구독 모델이 매일 커피를 마시는 가격이 부담스러운 고객의 니즈를 개발하여 만들어졌다면 가치제안이라 할 수 있다. 단지 이 고객의 니즈가 이 비즈니스의 핵심으로 생각할 만큼 중요한지를 고민해야 한다. 넷플릭스의 구독은 콘텐츠 산업의 본질이 바뀌면서 만들어진 새로운 가치제안이지만 카페의 커피 구독은 그렇게 보이지 않는다.

하지만 가치제안이 아무리 훌륭하더라도 비즈니스의 목적은 영리 추구에 있다.[*] 따라서 비즈니스 모델을 설계한다면 매력적인 가치제안에 설득 가능한 수익공식을 추가하는 것이 반드시 필요하다. 즉 비즈니스 모델 설계에 있어 필수적인 요소는 가치제안과 수익공식이다.

가치제안과 수익창출 방식만으로 비즈니스 모델을 설계한다고 하면 너무 간단하다는 비판이 있을 수도 있다. 하지만 이 두 가지를 하나의 출발점으로 시작해서 확장해나가면 된다. 이 두 가지만 있다면 비즈니스는 충분히 설명이 가능하기 때문이다. 물론 이미 언급한 자원과 프로세스를 설계하는 것을 포함한다면 더할 나위 없이 훌륭한 비즈니스 모델이 될 가능성이 높다. 하지만 제한된 시간과 자원을 효율적으로 사용한다는 면에서 이러한 자원과 프로세스의 설계는 뒤로 미루는 것이 좋다. 즉 비즈니스를 성장시키면서 천천히 만들어가는 것도 가능한 선택지라는 뜻이다. 이를 처음 비즈니스 모델을 설계하면서 완벽하게 만들려는 시도는 무모하기도 하

---

[*]　물론 위키피디아와 같이 비영리가 목적인 경우도 있다.

지만 허구일 가능성이 높다.

환경 변화가 만들어낸 또 하나의 필수 요소

가치제안과 수익공식만으로 비즈니스 모델 설계를 마감하는 것도 가능하다. 그런데 상황이 조금 바뀌기 시작했다. 기존과는 달리 변화를 만들어내는 두 가지 요소가 나타났기 때문이다. 첫 번째로, 모바일이 필수이고 SNS가 일상인 세상이 되면서 이전과는 달리 고객에 대한 접근성이 좋아지기 시작했다. 따라서 나의 제품과 서비스를 어떻게 고객에게 알리고 고객을 확보할 것인가가 비즈니스 모델 설계의 필수 요소가 되어가고 있다. 즉 환경이 좋아지면서 반드시 해야 할 일이 한 가지 늘어난 것이다. 과거에 고객 커뮤니케이션이라 불리던 이 영역은 비즈니스 모델 설계의 핵심은 아니었다. 향후 나의 고객 채널은 얼마든지 변화하고 달라질 수 있기 때문이다.

하지만 달라진 세상은 이제 이 고객과의 관계를 일종의 기본 요소로 재정의하고 있다. 이제는 제품과 서비스는 잘 만들었지만 이를 어떻게 고객에게 전달할 것인가를 전혀 모른다면 기본이 되지 않았다고 평가받을 수 있기 때문이다. 가치제안과 수익공식에 이어 고객관계를 추가함에 있어 주저함이 없었던 것은 아니다. 어떤 가치를 고객에게 제공할 것인가와 언제 어떻게 수익을 낼 것인가의 문제는 누가 들어도 핵심적인 비즈니스 모델의 문제로 들린다. 하지만 고객관계도 동일한 수준의 긴급성과 중요성을 가질 것인가의 의문이 생긴다. 그런데 어느 시점부터 상품을 만들어 기존 유통망에 의존하는 방식은 경쟁력을 상실하기 시작했다. 이 책에서 다룬 나이키, 디즈니, 룰루레몬 등의 기업들은 이제 새로운 고객관계를 비즈니스의 핵심으로 생각하고 있고 제조가 아닌 서비스 상품의 경우 고객관계라는 퍼즐 블록은 사업 그 자체에 있어 필수 핵심 요소가 되어가고 있다. 토스나 카카오뱅크라는 새로운 은행이 성공한 이유의 대부분은 대출 이자율의 높고 낮음이 아닌 모바일 애플리케이션을 통한 새로운 경험에 있었다. 나와 고객의 관계를 어떻게 정의하고 어떻게 만나고 어떻게 관리할 것인가에 대한 기본 계획이 비즈니스 모델 설계에 포함되어야 하는 상황이 된 것이다.

또 다른 하나의 상황 변화는 바로 플랫폼 비즈니스 모델의 등장이다. 우리 삶의 다양한 영역에서 플랫폼 비즈니스 모델이 등장하면서 고객과의 관계를 만들어내는 것이 점점 더 어려워져 가고 있다. 아니, 보다 직설적으로 말하면 플랫폼 기업들이 고객을 독점하기 시작했다. 쿠팡은 이마트의 자리를 위협할 뿐만 아니라 제조사들로부터 고객의 모든 정보를 독점하고 있고 이는 배달의민족, 카카오 모빌리티 등 거의 모든 플랫폼에서 나타나는 현상이다. 내가 무언가를 만들어 판매하는 가치제안을 갖고 있다면 고객과 밀접한 관계를 맺고 매 순간 커뮤니케이션하는 쿠팡에 대적하기 위해 자신의 고객과의 관계를 설계하는 것이 필요하다. 그래서 비즈니스 모델의 아주 당연한 핵심 요소였던 고객에 대한 이야기를 다시 고민하기 시작한 것이다. 그런데 여기서 우리가 말하는 고객은 고객 세그먼트를 의미하는 것이 아니라 고객관계를 말한다. 나의 타깃 고객이 누군가를 정의하는 것은 가치제안에 포함하여 생각할 수 있지만 나의 고객과의 관계를 어떻게 설정할 것인가의 문제는 보다 확장된 의미에서 다시 고민해야 하는 것이다.

고객이라는 단어는 비즈니스 모델을 이야기하면서 당연히 있어야 하는 단어이다. 타깃 시장, 타깃 고객이라는 단어는 내가 어떤 시장에 새로운 가치를 제안할 것인가를 결정하는 것이기에 당연히 고민되어야 하고 가치제안을 설계함에 있어 필수적으로 필요한 요소이다. 하지만 고객관계라는 단어는 약간 차원이 다르다. 애플과 삼성전자의 스마트폰 사업을 이 비즈니스 모델 캔버스에 그리면 거의 유사한 모양새가 나온다. 그런데 두 기업의 기업가치를 비교해보면 그 차이가 엄청나다.* 2024년 8월 기준 애플의 시가총액은 3조 1,900억 달러이고 삼성전자는 3,538억 달러이다. 매년 글로벌 스마트폰 판매에서 1, 2등을 다투는 두 기업 간의 가치 차이가 이렇게 벌어지는 이유는 다름 아닌 두 기업이 갖고 있는 고객관계의 차이

다. 삼성과 애플은 모바일 디바이스라는 영역에서 동일한 사업을 하고 있지만 두 기업의 사업을 구분하는 가장 큰 요소는 고객관계다. 아주 단순히만 보아도 애플에는 팬덤이 존재하지만 삼성은 그렇지 못하다. 이제 비즈니스 모델을 말할 때 우리는 고객과 어떤 관계를 가질 것인지를 반드시 정해야 하는 세상이 되었다.

다른 예를 하나 들어보자. 현대자동차가 중고차 시장에 진입했다. 한동안 중소기업 적합업종으로 지정되어 대기업인 현대차가 중고차를 판매하지 못했지만 이제는 그 제한이 풀렸다. 하지만 왜 현대차는 이 시장에 들어온 것일까? 이전까지 현대차는 자동차를 만들어 고객에게 판매했다. 그리고 그 고객과는 더 이상의 관계 맺기를 시도하지 않았다. 그런데 카카오 모빌리티가 자신을 위한 자동차를 만들어달라고 요청하는 세상이 되었다. 카카오는 고객과의 관계가 밀접하기에 고객이 어디에 사는지, 어디서 일하는지를 포함한 모든 이동에 대한 정보를 갖고 있다. 속도가 얼마나 빠를지 모르지만 차량 공유가 진행되고 자율주행이라는 기술이 일반화되면 현대차는 카카오 모빌리티의 공급사로 전락할 가능성이 높다.

그래서 미래를 생각해보면 현대차는 이제 고객과의 관계를 다시 생각해보아야 한다. 따라서 차량의 연결Connected Car을 강화하고 현재 누가 내가 만든 차를 사용하고 있는지를 알아야 한다. 그리고 자동차의 소유주가 넘어가더라도 누가 내가 만든 차를 지금 운행하고 있는지를 알 수 있으려면 중고차 사업을 해야만 한다. 그래야 그 다음이 있기 때문이다. 그래서 현대차는 이제 중고차 판매라는 새로운 비즈니스 모델을 필요로 한다. 현대차의 데이터베이스에 첫 컬럼이 차량이라면 그 다음 컬럼은 현재 소유주, 그리고 나아가 현재 운전자여야 하기 때문이다. 현대차가 이러한 고민을 할 때 테슬라는 이미 '사이버캡CyberCab'이라는 차량 공유 서비스 브랜드 출시를 선언했다. 비록 그 출시 시기가 계속 연기되고 있지만 자율주행이 일반화되는 시기에 자동차 제조기업이 어떤 선택을 해야 하는지를 잘 보여주는 사례이다.

과거 대부분의 제조기업은 고객과 거리를 두고 있었다. 제조기업과 고객 사이에는 유통기업이 자리를 잡고 있었고 이들은 낮은 비용으로 제조기업의 상품을 고객에게 전달하는 기능을 담당했다. 그런데 이제는 수많은 플랫폼 기업들이 이 자리를 대신하기 시작했고 이들의 힘은 점점 더 커져가기 시작했다. 2023년에 쿠팡은 31조라는 매출에 약 6,000억 원이라는 영업이익을 기록했다. 단순히 영향력만 큰 기업이 아니라 재무적으로도 막강해진 것이다. 쿠팡의 힘이 커지고 거래량이 늘어나고 배송의 빈도가 잦아지면서 쿠팡은 자신의 브랜드 상품을 만들어 판매하기 시작했다. 탐사수와 같은 생수 브랜드가 바로 그것이다.

삼다수는 제조에만 집중하던 기업이다.[*] 그런데 쿠팡이라는 유

---

*   삼다수는 소매는 광동제약이, 비소매는 LG생활건강이 담당하고 있지만 일종의 판매권 계약이

통망의 힘이 점점 더 커지면서 삼다수의 고민은 커져간다. 만약 쿠팡을 통한 생수의 판매가 전체 시장의 50%에 이르게 된다면 삼다수의 운명은 어떻게 될까? '로켓와우'라는 무료 배송 시스템을 타고 가는 탐사수와 삼다수가 경쟁하는 것은 너무 힘든 일이지만 그 경쟁을 포기할 수는 없는 일이다. 그래서 삼다수는 이제 고객관계를 다시 정의하려 한다. 자신의 비즈니스 모델을 제조업에 한정한다면 삼다수의 물맛은 쿠팡의 탐사수 대비 압도적으로 좋아야 한다. 하지만 삼다수 배송 차량이 보이기 시작한 것을 보면 삼다수의 생각이 바뀌었다는 것을 알 수 있다. 이러한 현상은 자동차나 생수만이 아니라 거의 모든 영역에서 나타나고 있다. 그래서 가치제안, 수익공식에 고객관계라는 하나의 요소를 더해야 좀 더 명확한 비즈니스 모델이 된다.

비즈니스 모델 설계는 이렇듯 가치제안에서 시작한다. 아니, 어쩌면 가치제안만 가지고 비즈니스 모델을 이야기할 수 있을지도 모른다. 하지만 비즈니스 모델을 충실하게 하기 위해서는 수익공식과 고객관계를 포함시키는 것이 좋다. 수익공식은 설계자의 사업적 감각과 수준을 보여주는 것이고 고객관계는 이 비즈니스 모델이 현재의 환경 변화를 잘 이해하고 장기적 관점을 가졌음을 보여준다. 물론 한 걸음 더 나아가 이 비즈니스 모델을 작동시키기 위한 필요 핵

기에 하나의 비즈니스 모델로 생각할 수 있다.

심 자원과 핵심 프로세스를 보여줄 수 있다면 100점짜리 비즈니스 모델 설계가 될 것이다. 하지만 비즈니스 모델 설계의 시작은 비즈니스를 구체화하기 위한 아군, 특히 투자자 혹은 의사결정자의 지지를 확보하는 일이기에 가치제안, 수익공식, 그리고 고객관계에 초점이 맞춰져야 한다. 이 단계를 넘어가야 그 다음이 보이기 때문이다.

비즈니스 모델의
기본 단위

비즈니스 모델의 구성요소들을 이야기하기 전에 비즈니스 모델을 설계하는 데 쉽게 혼동하는 요소가 있다면 바로 비즈니스 모델의 대상에 대한 정의다. 비즈니스 모델은 기업단위로 설계될 수 없고 사업단위로 설계되어야 한다. 예를 들어 창업 기업이 두 개의 비즈니스 모델을 갖고 있다면 투자자를 설득하는 것이 쉽지 않다. 이런 경우 투자자들은 사업을 분리하기를 추천할 것이다. 물론 기존에 운영하던 사업에서 창출된 이익을 바탕으로 새로운 사업을 설계하는 경우가 많지만 비즈니스 모델 설계의 관점에서 두 개의 비즈니스는 완전히 별개로 구분되어야 한다. 기존 사업의 매출과 신규 비즈니스 모델을 결합하여 미래형 비즈니스 모델로 포장하고픈 유혹은 이해되지만 결코 해서는 안 되는 시도다.

　결론부터 말하면 사업부는 영어로는 Business Unit_BU 혹은 Strategic Business Unit_SBU라고 부르는데, 별개의 손익계산서를 가진 하나의 사업단위를 의미한다.

　우아한형제들이라는 기업은 배달의민족이라는 브랜드 혹은 사업단위를 갖고 있다. 하나의 기업이 다양한 사업을 영위할 수 있기에 이를 사업부라 부른다. 그리고 배달의민족이라는 사업부는 주문중개라는 비즈니스 모델을 갖고 있다. 식당과 손님 간의 주문을 중개하고 수수료를 받는 것이다. 이 과정에 배달 서비스라는 또 다른 비즈니스 모델이 파생되는데 배달의민족을 운영하는 우아한형제들은 이를 별도의 사업으로 분리하여 배민라이더라는 사업으로 운영하고 있다.* 배민라이더라는 사업부는 식당에 배달 서비스를 제공하여 수익을 창출하는 비즈니스 모델을 갖고 있다. 배달이라는 하나의 거래를 놓고 보면 주문중개와 배달 서비스는 한 몸처럼 움직이지만 두 개의 비즈니스 모델이 갖는 대상 시장과 제공 가치는 완전히 다르다. 따라서 비즈니스 모델을 설계할 때 완전히 분리하여 생각할 필요가 있다.

　현재 배달 플랫폼 시장이 시끄러운 이유 중의 하나는 배달의민

---

* 우아한형제들은 회계적으로는 자회사로 우아한청년들을 갖고 있으며 배민라이더 서비스를 제공하고 있다. 자회사의 형태로 운영하지만 여전히 하나의 기업으로 생각해도 무방하다.

족이 수수료라는 주문중개 비즈니스 모델에서 배달 서비스라는 영역으로 확장했기 때문이다. 중개 수수료는 10% 수준인데 시장은 30%를 배달의민족이 가져간다고 생각한다. 배민1플러스라는 주력 상품을 보면 배달의민족이 직접 배달도 하면서 배달비의 반 정도를 식당으로부터 일괄적으로 받아가기 때문이다. 주문중개와 배달 서비스가 결합되면서 만들어지는 혼동이자 불만인 것이다.

물론 하나의 비즈니스 모델이 아직은 소규모이고 큰 비즈니스에 부수적인 역할을 담당한다면 하나의 비즈니스 모델로 생각할 수도 있다. 하지만 그렇게 되면 작은 비즈니스 모델은 그 나름의 가치제안을 적절하게 설계하기 어려울 뿐만 아니라 가치제안의 구현을 위한 전략의 수립과 실행이 불가능하다. 따라서 비즈니스 모델의 설계도 중요하지만 사업의 경영을 위해서도 비즈니스 모델 단위로 구분하여 접근하는 것이 반드시 필요하다. 배달의민족 애플리케이션에 함께 존재하는 B마트를 보면 이러한 모습이 보인다. B마트는 배달의민족의 비즈니스 모델인 주문중개와는 다른 전자상거래라는 비즈니스 모델을 갖고 있지만 배달의민족 고객을 기반으로 확장된 새로운 비즈니스이기에 배달의민족의 일부인 것으로 보인다. 이후에 B마트가 충분히 성장한다면 반드시 분리해야 하는 이유는 두 개의 비즈니스 모델이 상이하기 때문이다. 분리하지 않으면 B마트는 배달이라는 큰 형의 전략 안에서 자유도를 얻을 수 없기 때문이다.

비즈니스 모델의 기본 단위는 그래서 하나의 스토리로 구성된 사업단위로 보는 것이 좋다. 이를 토스처럼 송금에서 은행, 증권, 보험으로 확대해나가는 것은 금융 플랫폼이라는 관점에서 하나의 스토리로 해석이 가능하지만 출판 사업을 주력으로 하는 기업이 신규 사업으로 태양광 사업을 한다면 이는 별개의 비즈니스 모델로 분리하여 사고해야 한다. 매우 당연한 이야기로 들리지만 실제 사업 운영에서의 관행들이 이를 편하게 무시하는 경향이 있기에 짚고 넘어가는 것이다.

비즈니스 모델 설계와
혁신의 관계

> 비즈니스 모델은 혁신의 대상이 아니다. 비즈니스 모델을 혁신한다는 것은 새로운 비즈니스 모델을 만드는 것이다.

비즈니스 모델 설계라는 것을 일차로 정의했으니 이제 다음으로 넘어가 보자. 우리가 비즈니스 모델에 대해 갖고 있는 가장 자주 듣는 표현은 비즈니스 모델 혁신이다. 비즈니스 모델 설계라는 표현이 낯선 데 반해 비즈니스 모델 혁신이라는 표현은 비교적 자주 등장한다. 혁신이라는 단어를 사람들이 좋아하기는 하는 모양이다. 그런데 조금 더 들어가 보면 비즈니스 모델 혁신이라는 표현이 얼마나 어려운 일인지 알 수 있다.

가치제안과 수익공식, 고객관계, 그리고 이를 만들어내기 위한 자원과 프로세스의 설계를 모두 합한 것이 비즈니스 모델이니 이를 혁신하기 위해서는 비즈니스 그 자체를 바꿔야 한다. 현대자동차가 비즈니스 모델을 혁신한다는 것은 고객을 대상으로 자동차를 제작 판매하는 비즈니스를 혁신, 즉 크게 변화시켜야 한다는 뜻이니 얼마나 큰일인지 알 수 있다. 따라서 일반 기업이 실제로 비즈니스 모델을 혁신하는 것은 불가능에 가깝다. 아니, 비즈니스 모델을 혁신해야 한다면 아마도 매우 절박한 상황일 것이다. 기업의 생사가 달린 아주 큰 위기는 보다 근본적인 변화를 필요로 하기 때문이다.

비즈니스 모델 혁신은 쿠팡이 주도하는 유통시장의 변화를 바라보고 있는 롯데, 이마트나 넷플릭스의 가입자가 2.6억 명이 넘어서는 것을 바라보는 디즈니 정도의 고민으로 이해해야 한다. 나를 둘러싼 비즈니스 세상이 급격하게 변화할 때 나의 기존 비즈니스 모델에 대한 근본적인 고민을 해야 하는 사업자들의 선택이다. 이를 단순히 사업 전략 혹은 경쟁 전략의 차원에서 접근하면 실패 가능성이 높다. 단순히 경쟁 요소를 바꾸거나 추가함으로써 해결할 수 있는 상황이 아니기 때문이다. 그래서 비즈니스 모델 혁신의 실패 사례는 많지만 성공 사례는 찾아보기 힘들다.

따라서 비즈니스 모델 혁신의 사례로 등장하는 콘텐츠 유통시장에서의 넷플릭스, 모빌리티 시장에서의 우버, 원격교육 시장에서의 코세라Coursera 등은 모두 신규 기업이지 기존 사업자가 만들어낸

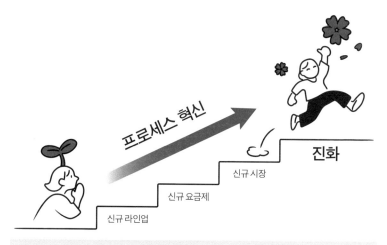

프로세스 혁신

진화

신규 시장

신규 요금제

신규 라인업

비즈니스 모델은 프로세스 혁신을 통해 진화한다

혁신은 아니다. 즉 혁신은 분명 대상이 있어야 하는 단어이기에 비즈니스 모델을 이야기하면서 혁신을 이야기하는 것은 엄청나게 어려운 일을 너무 쉽게 이야기하는 것이다.

차라리 비즈니스 모델은 프로세스 혁신을 통해 진화한다고 말하는 것이 맞다. 일단 비즈니스 모델이 성립되고 하나의 사업단위로 성장하기 시작하면 그 안에서 지속적인 프로세스 혁신이 발생한다. 즉 생산성을 올리고 고객을 확대하고 상품을 더 가치 있게 만드는 혁신이 비즈니스 모델 안에서 나타난다. 데릭 반 베버 등은 이를 비즈니스 모델의 진화 과정에서의 '지속적 혁신'이라 부른다.* 따라서

---

* https://sloanreview.mit.edu/article/the-hard-truth-about-business-model-innovation/

비즈니스 모델에서 혁신이라는 표현은 비즈니스 모델 그 자체를 바꾸기보다는 비즈니스 모델이 프로세스 혁신을 통해 진화한다고 말하는 것이 맞다. 넷플릭스가 광고 기반의 요금제를 만들어 시장을 확대하려 하거나, 배달의민족이 배민클럽을 만들어 고객을 보다 확실히 장악하려는 노력이 바로 이런 혁신의 모습이다. 즉 비즈니스 모델 그 자체를 혁신의 대상으로 삼는 것은 그만큼 상황이 심각하다는 뜻이다. 다시 이마트와 디즈니의 이야기로 돌아가 보자.

이마트는 2022년 3조 8,000억 원을 들여 이베이코리아로부터 지마켓을 인수한다. 그 당시 이마트 그룹 전체의 기업가치가 4조 원 남짓이었고, 이를 인수하기 위해 그룹의 거의 모든 현금을 끌어모은 것으로 보아 이 상황을 심각하게 받아들인 것으로 보인다. 더 이상 유통의 핵심이 오프라인 매장이 아니라 온라인 커머스와 물류 인프라로 변화되는 상황을 지켜보면서 이 시장에서 살아남기 위해서는 유통이라는 비즈니스 모델을 혁신해야 한다고 생각했을 것이다. 이는 디즈니도 마찬가지다. 넷플릭스로부터 매년 수천억 원을 받고 있던 디즈니가 수조 원을 투자하여 디즈니플러스를 만들기로 결정한 것은 콘텐츠 소비 방식이 극장과 방송에서 OTT로 이동하고 있다는 판단을 내렸기 때문이다. 이후 디즈니는 자신이 보물처럼 갖고 있는 스타워즈, 마블, 픽사 등의 모든 콘텐츠 계획을 디즈니플러스 중심으로 변경하면서 결연한 의지를 세상에 보여준다.

그 결과에 대한 판단을 떠나 이마트와 디즈니는 자신이 오랫동안 가져왔던 비즈니스 모델을 혁신하려 시도한 것이고 이는 기업의 모든 것을 바꾸려는 혁신이 되어야 했다. 그만큼 비즈니스 모델 그 자체를 혁신하는 것은 시도도 어렵지만 성공하기도 쉽지 않다. 아직 기존 기업이 비즈니스 모델을 혁신한 대표적 성공 사례를 찾는 것이 어려운 것도 같은 까닭이다.

데릭 반 베버 등은 동일한 글에서 비즈니스 모델을 성공적으로 혁신하려면 기존 모델을 바꾸는 대신 새로운 비즈니스 모델을 만드는 데 집중하라 조언하고 있다. 즉 언제나 변화하는 사업 환경에서 우리가 선택해야 할 것은 기존 비즈니스 모델을 변화시키는 것이 아니라 새로운 비즈니스 모델의 설계를 고민하는 것이다. 즉 비즈니스 모델 설계는 단순히 새로운 사업을 만드는 창업자의 몫이 아니라 기존 비즈니스를 하고 있는 기업들의 과제일 수 있다. 물론 이러한 새로운 비즈니스 모델의 설계가 기존 조직에서 이뤄지려면 비즈니스 모델 설계자의 마인드가 바뀌어야 한다. 급여 노동자가 아닌 창업자의 마인드로 비즈니스를 다시 봐야 하기 때문이다.

비즈니스 모델 설계와
사업 전략의 혼동

이쯤에서 비즈니스 모델과 전략이라는 단어를 어떻게 구분 지어 사용해야 하는지 이야기해보자. 경영학의 일부인 경영 전략을 이야기하려는 것은 아니지만 비즈니스 모델이라는 단어와 경영 전략이라는 단어는 자주 혼동되기 때문이다.

먼저 전략에는 기업 전략과 사업 전략이 있다. 우선 기업 전략의 핵심은 자원의 배분이다. 이를 영어로는 Corporate Strategy라 부르고 Portfolio Management라 표현하기도 한다. 기업 내에는 다양한 비즈니스가 함께 존재하기에 기업이 갖고 있는 자원을 개개 사업에 어떻게 배분할 것인가를 결정하는 것이 기업 전략의 핵심이다. 물론 사업이 하나일 경우 이 고민은 사라진다. 하지만 사업이 한

개일 경우도 여전히 신규 사업 개발이라는 숙제는 존재하므로 어느 규모의 자원을 신규 사업 개발에 투자할 것인가를 정해야 한다. 즉 기업 전략이라는 관점에서 비즈니스 모델 설계는 신규 사업 개발이라는 맥락에서 사용되는 것이 적절하다.

다음으로 사업 전략이라는 단어를 결정짓는 가장 중요한 단어는 경쟁이다. 그래서 영어로 Business Unit Strategy 혹은 Competitive Strategy라는 표현을 쓴다. 바로 경쟁 전략이다. 즉 사업 전략, 비즈니스 전략은 사업단위의 전략으로 경쟁차를 가정하고 수립된다. 즉 나와 같은 비즈니스 모델을 가진 경쟁자와의 싸움에서 어떻게 승리할 것인가를 결정하는 것이 사업 전략이다. 따라서 사업 전략에서 비즈니스 모델은 이미 정해져 있는 상수로 봐야 한다. 배달 플랫폼 시장을 바라보면 요기요는 배달의민족과 쿠팡이츠 간의 무료 배달 경쟁에서 자신만의 차별화 경쟁 전략을 수립해야 한다. 배달 시장을 보면 3사의 비즈니스 모델은 거의 유사하다. 단지 경쟁의 과정에서 무료 배달, 멤버십 등의 경쟁 도구를 사용하는 방식을 결정하는 것이 경쟁 전략이다.

하지만 여전히 혼동의 사례들은 존재하는데 가장 적합한 예가 포르쉐의 드라이브라는 구독형 프로그램이다. 2017년 포르쉐는 시장에 패스포트라는 새로운 제안 혹은 상품을 내놓았다. 한 달에 2,000~3,000달러를 지불하면 포르쉐의 다양한 차종을 제한 없이 타볼 수 있는 프로그램이다. 이 프로그램은 2020년 포르쉐 드라이브로 이름을 바꿨고 2024년 현재 7년 차에 접어들었다.

포르쉐 드라이브가 새로운 비즈니스 모델인지, 아니면 일종의 사업 전략인지의 판단은 순전히 포르쉐의 몫이고 새로운 비즈니스 모델로 진화할 수 있다는 가능성도 배제해서는 안 될 것이다. 하지만 포르쉐 드라이브의 지난 성과를 보면 새로운 비즈니스 모델이라 보기에 너무도 미미하다. 일단 2017~2022년의 5년간 이 프로그램을 이용한 고객이 2,000명에 불과하다. 프로그램의 확장 속도를 감안하면 매년 500~600명 정도가 이 프로그램을 사용했다고 볼 수 있다. 그런데 이 프로그램이 제공되는 미국과 캐나다에서만 포르쉐는 2022년 약 8만 5,000대를 판매했다. 전체 판매 대비 드라이브 사용 고객 수는 0.5%에 불과하다. 새로운 비즈니스 모델이고 이미 5년이라는 시간이 흘렀다면 전체 매출에서 일정 부분을 차지해야 할 것이다.*

게다가 이 프로그램의 수행 주체는 포르쉐를 판매하는 딜러들이다. 즉 미국 전체 지역을 대상으로 포르쉐가 새로운 사업을 시작한 것이 아니라 최종 판매의 주체인 딜러들이 프로그램을 운영한다. 물론 애플리케이션의 개발과 같은 작업은 본사 차원에서 진행되었지만 참여와 실행의 주체는 딜러들이다. 결국 포르쉐 드라이브라는

---

* https://newsroom.porsche.com/en_US/2022/company/porsche-drive-subscriptions-and-rentals-mark-fifth-anniversary.html

프로그램은 새로운 비즈니스 모델이 아닌 럭셔리 상품에 대한 진입 장벽을 낮추기 위한 사업 전략 차원의 마케팅 프로그램으로 보아야 할 것이다. 포르쉐의 비즈니스 모델은 고소득 고객을 대상으로 프리미엄 스포츠카를 제조하여 판매하는 것으로 정의해야 하고 포르쉐 드라이브는 사업 전략의 일환인 마케팅 프로그램으로 이해해야 한다. 즉 구독이라는 새로운 도구를 가치제안이나 수익공식이 아닌 마케팅 전략으로 활용된 예로 보아야 할 것이다. 유사하게 구독만이 아니라 공짜 마케팅, 체험 마케팅 등 우리가 들어본 수많은 마케팅 프로그램이 비즈니스 모델의 일부로 오인되면서 모호성을 더 키우고 있다.

정리하면, 비즈니스 모델은 전략이라는 단어를 사용하기 전에 결정되어야 할 사업의 기본 요소로 이해하면 된다. 전략이라는 싸움의 선택지를 고민할 때 비즈니스 모델이 가진 본질이 도움이 되는 이유는 여기에 있다. 이제 비즈니스 모델 설계의 주체에 대한 이야기로 넘어가 보자.

비즈니스 모델
설계자라는 역할

새로운 비즈니스 모델 설계를 위해서는 설계자를 찾는 것이 가장 먼저 해야 할 일이다.

혁신이라는 이름으로 수많은 기업 활동이 이뤄지고 있다. 하지만 그 대부분의 경우는 비즈니스 프로세스 혁신이라 볼 수 있다. 기존 사업 방식을 유지한 채 무언가를 개선하는 혁신을 의미한다. BPR Business Process Reengineering이라 불렸던 프로세스 혁신이 대표적인 사례이다. 물론 이러한 혁신도 만들어내기 쉬운 것이 아니었기에 한때 BPR이라는 혁신 방법론이 큰 인기를 끌었다. 즉 무언가 기존 사업 프로세스를 혁신하는 것도 쉽지 않은 것이 우리의 현실이다.

20년 전에 한 제지회사의 신문용지 생산·판매 프로세스를 재설계하는 프로젝트에 참여했었다. 신문용지 사업부는 신문사라는 고객이 정해져 있고 고객사가 사용하는 인쇄기에 따라 상품이 정해지기에 재고관리는 각 신문사별로 이뤄지고 있었다. 즉 상품의 고객 간의 호환이 불가능했다. 여기에 신문 판매부수가 크게 변하지 않으므로 생산과 판매 프로세스는 큰 변화 없이 오랫동안 유지되어왔었다. 문제는 영업실적을 올리기 위해 영업사원이 재고를 쌓아둔다는 것이었다. 신문사 입장에서도 안정적인 재고는 운영에 도움이 되기에 묵시적 합의가 이뤄져 있었다. 신문용지의 경우 프로세스 개선을 통해 재고를 공장 안에 둘 수 없다는 원칙이 새로 정해졌다. 신문용지의 매출은 한동안 급락했지만 공장 안의 재고는 완전히 사라졌다.

이러한 프로세스 혁신의 사례는 우리가 알고 있는 수많은 기업에서 발견할 수 있다. 그리고 우리는 언제나 이러한 차원의 혁신에 집중해왔다. 그런데 문제는 이러한 혁신이 신문용지 사업의 미래를 바꾸지는 못한다는 사실이다.* 코닥Kodak이 디지털카메라의 등장을 막을 수 없듯이 우리는 모바일로 뉴스 콘텐츠를 소비하는 시대에 프로세스 혁신만으로 신문용지 사업부의 미래를 지켜낼 수 없다.

---

* 이 공장은 IMF 때 해외 자본에 매각되었다가 디지털 뉴스가 보편화되면서 여러 번 주인이 바뀌는 등 제지회사로서의 위상은 거의 사라졌다.

즉 신문용지 사업의 비즈니스 모델은 변화되어야 한다. 물론 쉬운 일은 아니다. 그래서 비즈니스 모델 혁신을 위해 가장 먼저 해야 할 일은 비즈니스 모델 혁신의 주체, 즉 설계자를 결정하는 일이다. 설계자를 결정해야 하는 이유는 한국 기업 내에서 그 누구도 비즈니스 모델 설계를 담당하지 않기 때문이다. 현재의 프로세스를 개선하고 매출을 늘리고 수익을 개선하는 행위의 주체는 언제나 명확하고 그에 따라 성과 보상이 이뤄진다. 하지만 그 누구도 더 높은 수준의 위험에 대해서는 고민하지 않는다.

국내 대기업 핵심 인재 그룹을 대상으로 비즈니스 모델 설계를 강의한 적이 있었다. 모두가 임원이거나 임원 승진 대상이었고 핵심 인재라는 타이틀을 달고 있었으니 회사의 변화를 주도할 수 있는 사람들이라는 생각이 들었다. 그런데 뜻밖의 질문이 마지막에 등장했다. 아무리 생각해도 이러한 비즈니스 모델의 설계는 자신들의 일이 아니라는 것이다. 생산, 판매, 기획, 인사 등 각각의 영역을 담당하는 임원 후보자들에게 기업의 비즈니스 모델을 바꾸려는 노력이 자신의 일로 느껴지기 힘들 것이기 때문이다. 이 문제에 대해 한동안 토론이 지속됐지만 만족할 만한 결론에 이르지 못했다. 즉 비즈니스 모델에 대한 설계를 이야기하면서 그 주체가 정확히 정의되지 않으면 아무런 의미가 없다.

알렉산더 오스터왈더는 2018년 《동아비즈니스리뷰DBR》와의 강연, 대담에서 한국에서 비즈니스 모델 혁신 부재의 이유를 리더십에서 찾고 있다.* 그러면서 비즈니스 모델이 아닌 비즈니스 플랜에 집중하고 있는 리더십의 문제를 지적한다. 한국의 비즈니스 리더들은 하나하나의 매출과 비용 요소에 집중하면서 엑셀로 만들어진 비즈니스 플랜을 만들고 이를 사업계획으로 밀어붙이는 데 능하다는 뜻이다. 우리를 둘러싼 비즈니스 환경은 엄청난 속도로 변화하는데 리더는 현재의 비즈니스 모델을 뒤돌아볼 시도조차 하지 않고 있다는 것이다. 이러한 현실에 대해 비즈니스 플랜을 버리고 현재의 비즈니스 모델을 바꿔나가는 작은 시도에서 시작하라는 제언을 하고 있다. 회사를 하나의 작은 실리콘밸리로 만들어 수많은 변화의 시도들이 만들어질 수 있도록 하는 것이 비즈니스 모델 혁신에서 리더의 역할이라 말하고 있다.

여기서 또 하나의 용어 혼란이 있다. 바로 비즈니스 플랜과 모델 간의 혼동이다. 간단히 말해 플랜은 현재의 비즈니스 모델을 가지고 기간 내에 달성할 목표를 설정하는 것이다. 이를 KPI, 즉 Key Performance Indicators라 부르는데 한국의 거의 모든 조직의 리더의 삶은 이 KPI에 매몰되어 있다고 보아도 과언이 아니다. 이 KPI라는 늪에서 조금이라도 벗어나야 진정한 비즈니스 모델 혁신에 대한 고민이 가능하다.

---

*   알렉산더 오스터왈더 강연·대담, "기술 혁신에 30을 투자한다면 비즈니스 모델 혁신에 5 이상 투자해야", 《동아비즈니스리뷰》, 2018년 1월.

리더는 비즈니스 플랜을 넘어 비즈니스 모델 설계를 고민해야 한다

게다가 한국 사회에서 리더라는 표현은 모호하기 그지없다. 리더는 사장이 될 수도 있고 사업단위 본부장, 즉 임원이 될 수도 있고 팀장이 될 수도 있다. 따라서 한국에서 비즈니스 모델 혁신을 이야기한다면 그 주체인 리더는 보다 명확히 정의되어야 한다. 그래야 리더에게 비즈니스 모델을 고민한 시작점이 만들어지는 것이다.

결론적으로 비즈니스 모델 설계의 주체는 사업단위 리더가 되는 것이 맞다. 여기서 사업단위 리더는 사업부를 이끄는 임원만을 의미하는 것이 아니고 이 임원과 더불어 사업을 나누어 지휘하는 예하 리더들도 포함한다. 좀 더 쉽게 말하면 특정 사업부의 지역 혹은 상품담당 팀장들도 사업단위 리더로 보아야 한다는 뜻이다. 일반적으로 사업단위Business Unit 혹은 SBUStrategic Business Unit라는 표현은 사업부와 같은 표현으로 많이 활용된다. 따라서 산업과 시장의 변화를 인지하고 그 변화에 대응하여 새로운 비즈니스 모델을 설계하는 것은 사업단위 리더의 역할이 되어야 한다. 기업에 따라 사업단위 리더가 얼마만큼의 자율성과 권한을 갖고 있는지는 다르지만 하나의 비즈니스를 책임지고 있다는 점에서 비즈니스 모델을 혁신하는 주체여야 하는 것은 당연하다. 그리고 사업단위 리더에게 프로세스 혁신과 더불어 비즈니스 모델 혁신의 책임이 주어져야 한다. 그래야 조직 내에서 변화의 트렌드를 읽고 우리 비즈니스가 어떤 변화를 어떻게 준비할지를 고민할 수 있게 될 것이다. 리더에게 비즈니스 모델 설계의 역할이 부여되고 비즈니스 모델에 대한 조직적인 동의가 이뤄져야 한다. 이러한 조직적 동의와 고민이 비즈니스 모델에 대한 고민을 풀어나갈 수 있는 유일한 단초가 될 것이다.

비즈니스 모델 설계를 가장 편안하게 받아들이는 주체는 창업자들이다. 창업은 그 단어 자체가 비즈니스 모델 설계를 전제하고 있다. 그들은 백지에서 설계하기에 주저함이 없고 끊임없는 수정의 과정을 거칠 것이다. 하지만 기존 조직에서 비즈니스 모델 설계를 해야만 하는 리더들에게는 쉽지 않은 문제들이 넘쳐난다. 설계의 필요성을 인식하는 것도, 실제 설계를 고민하는 것도, 그리고 새로이 설계된 모델로 조직을 설득하는 것도 모두 처음 해보는 일일 가능성이 크기 때문이다.

그러기에 사업단위 리더들의 역할은 비즈니스 모델 설계의 단초를 만드는 일이다. 즉 시작점을 만들어내는 역할이다. 물론 지금이 비즈니스 모델 혁신을 고민해야 하는 시점인지를 판단하는 것역시 이들의 역할이기도 하다. 이미 언급했듯이 비즈니스 모델 혁신이 언제나 반드시 필요한 것은 아니다. 충분한 변화의 시급성이 조직 내에 공유되어야 한다. 또한 사업단위 리더가 전체 비즈니스 모델을 홀로 설계할 수 없다는 것도 기억해야 한다. 시작점, 즉 마중물의 역할만으로 만족해야 한다. 자신이 현재 운영하고 있는 사업이기에 이 사업을 어떻게 근본적으로 변화시킬 것인가를 고민하는 것은 매우 자연스러운 일다. 또 한 가지 이 노력은 경영계획의 수립처럼 시기를 정해놓고 하는 것이 아니라 '언제나'여야 한다. 다시 말해 "언제나 새로운 모습을 상상하는 과정"이라 말할 수 있다. 사업단위리더는 언제나 나의 사업의 변화된 모습을 상상하면서 그 개연성을 구성원들과 논의해보는 노력을 해야 한다. 이 상상이 구체화되고 전사적인 지지를 받을 수 있을 때 비즈니스 모델 설계가 시작될 수 있는 것이다.

비즈니스 모델 설계자가
알아야 할 것

그렇다면 비즈니스 모델 설계자는 무엇을 준비해야 할까? 당연한 이야기지만 그 첫 번째는 분명히 세상의 변화를 인지하는 일이다. 내가 운영하는 산업에서 어떤 변화가 만들어지고 있는지를 모르는 상태에서 새로운 모델 설계는 불가능하다. 일단 가장 먼저 그 변화를 인지하고 다양한 소규모 시도들을 해보는 것이 필요하다. 이 변화에 대한 공부와 인지, 그리고 이를 진정한 위협으로 받아들이는 것은 개개인에 따라 차이가 있을 것이다. 하지만 조직이 크고 기존 비즈니스가 충분한 수익을 내고 있다면 별도의 조직을 만들어서라도 이에 대비하는 것이 중요하다. 만약 조직이 작고 충분한 인적자원이 없다면 이는 순전히 설계자의 몫이다. 설계자는 그 산업

비즈니스 모델 설계는 단계적으로 접근할 필요가 있다

영역에서 가장 많은 정보를 가진 전문가이기 때문이다.

이를 혼자 해결해낼 수 없다면 유일한 방법은 학습조직을 만드는 것이다. 조직이 함께 공부하면서 변화의 흐름을 읽어낼 수 있다면 이 역시 가능한 방법이다. 그런데 변화를 인지하고 새로운 모델 설계의 단초를 읽어낸다 하더라도 변화를 시도하는 것은 다른 차원의 문제이다. 자원을 가진 조직(대개의 경우 CFO)이 이 변화 계획을 승인해야 하기 때문이다. 물론 이 시점부터는 설계자의 영역이라기보다는 기업 그 자체의 선택이다.

그래서 타협이라는 단어가 기존 조직에 속한 설계자들에게는 중요하다. 새로운 비즈니스 모델을 설계하는데 이를 기존 비즈니스 모델과 완전히 분리해 성장시키는 것은 불가능에 가까울 것이기에 타협이 필요하다. 현대자동차가 갑자기 우버와 같은 모빌리티 사업으로 비즈니스 모델을 변경할 수 없지만 대신에 그 비즈니스 모델에 투자를 할 수 있는 것이 바로 타협이다. 현대차는 동남아시아의 우버인 그랩에 투자를 함으로써 새로운 모빌리티 비즈니스 모델과 현대차의 기존 모델의 접점을 찾으려 노력했고, 더불어 모바일 기능을 탑재한 모든 차량을 연결connected시키려는 노력을 지속하고 있다. 만약 현대자동차의 비즈니스 모델 설계자가 카카오 모빌리티와 같은 사업을 구상하려 했다면 한국에서 가장 다루기 힘든 택시운송 사업조합과 맞닥뜨려야 했을 것이고 현대차의 모빌리티 사업의 진입은 사업을 넘어 정치적인 이슈가 되었을 것이다. 타협은 궁극적인 해결책은 되지 못하지만 미래의 변화를 알리고 대비하는 역할을 가능하게 한다. 물론 대부분의 창업은 이러한 기회를 현재의 조직에서 실현하는 것이 불가능하다는 판단에서 시작된다.

물론 진정한 해결책은 새로운 비즈니스 모델을 만드는 일이다. 내가 창업자가 아닌 이상 이 상황에서의 비즈니스 모델 설계는 매우 어렵지만 창업자들에게 비즈니스 모델 설계는 자연스러운 일이다. 단지 어떻게 하는 것이 가장 옳은 방법인지 모를 따름이고 알더라도 이를 실행에 옮기는 것은 더 어렵다. 물론 비즈니스 모델을 설계하는 데 정답이 있는 것은 아니다. 산업마다 다를 수 있고 시장 상황, 그리고 창업자가 갖고 있는 자원에 따라 다를 수 있다. 하지만 이 책에서 이야기하고 싶은 마지막 조언은 한 번에 너무 많은 것을 하려고 하지 말라는 것이다.

비즈니스 모델 설계는 어려운 일이다. 따라서 단계적으로 접근하는 것이 중요하다. 가장 중요하다고 생각되는 것을 튼튼하게 만들고 그 다음을 설계하는 것이 맞다. 그래서 비즈니스 모델 설계에서 첫 번째 순서는 가치제안을 설계하는 일이다. 가치제안 설계라는 과정은 너무도 많은 부분을 포함하기에 비즈니스 모델 설계의 일부분이라 이야기하는 것도 이상하다. 그래서 가치제안에 가장 많은 시간을 투자하는 것이 필요하다. 수많은 사람과 나의 가치제안을 공유하면서 시장이 나의 제안을 받아들일지를 고민해야 한다.

가치제안이 어느 정도 구체화되고 나면 이제는 수익공식을 만들 차례이다. 수익공식은 돈을 버는 방식이므로 말로는 쉬워 보이지만 현실은 그렇지 않다. 숫자를 다루는 데 익숙하지 않다면 이 시점부터는 조력자를 찾는 것이 필요하다. 엑셀을 기반으로 숫자 놀이를 시작해야 한다.

마지막으로 고객관계의 설계는 마케팅적인 요소이지만 가치제안과 연결되어 진행돼야 하므로 설계자의 몫이 되어야 한다. 너무 일찍 이 단계까지 고민하는 건 너무 앞선 것이라는 비판도 있을 수 있지만 이마트와 디즈니의 현재를 생각하면 떨어지기 위해 비행 계획을 세우는 것은 하지 말아야 할 선택이다.

가치제안, 수익공식, 고객관계가 모두 정리되었다면 이제는 이를 구현하기 위한 자원 계획과 실현하기 위한 프로세스를 설계하는 일이 남았다. 하지만 이 책에서 이 두 가지 이야기는 담지 않았다. 너무 많은 일이 남았기 때문이기도 하지만 포괄적 언어로 정리하는 것이 어렵기 때문이기도 하다.

마지막으로 창업자들에게 다시 한번 더 하고 싶은 조언은 절대 모든 것을 채우려는 노력을 하지 말라는 것이다. 자원이 한정된 창업자들에게 선택과 집중은 무엇보다 중요한 덕목이기 때문이다. 또 하나 조언자들도 더 이상 창업자들을 혼란 속으로 밀어 넣는 무책임한 조언을 하지 말았으면 한다. 창업자들에게 비즈니스 모델 캔버스를 모두 채우라고 요구하는 것은 창업을 도와주는 것이 아니라 방해하는 행위가 될 수 있기 때문이다. 물론 우리는 수많은 정부 지원 사업과 평가에서 이 방해들을 보고 있다.

단언하건대 심사위원들 중 대다수는 그 캔버스를 채우지 못한다. 물론 형식적으로 채워낼 수는 있겠지만 그게 가능한 이유는 그 사업을 할 의지가 없기 때문이다. 만약 진정으로 그 산업을 이해하고 창업을 하고 싶다면 위에 언급한 순서에 따라 하나씩 정리해나가는 것이 정답이다. 진정으로 심도 깊게 자신의 산업에서 고객이 바라는 것과 시장이 느끼는 아픈 지점을 고민하고 이를 해결하려는 노력을 해보기를 권한다. 이 책은 그 목적으로 쓰였다.

2장

비즈니스 모델의
구성요소들

비즈니스 모델은 가치제안, 수익공식, 그리고 고객관계로 구성된다. 이 중 가장 핵심은 가치제안이고 이 가치제안을 중심으로 돈을 버는 방식인 수익공식, 그리고 고객과의 관계 설정이 만들어지면 비로소 비즈니스 모델이 만들어졌다고 볼 수 있다. 그 외의 요소들은 부가적으로 이 세 가지 요소가 만들어진 철골 위에 붙게 될 것이다. 따라서 비즈니스 모델을 설계하는 초기에 반드시 필요한 것은 이 세 가지 요소들이다.

이 세 가지 요소들은 별개로 존재하는 것이 아니라 서로 영향을 미치면서 하나의 비즈니스 모델을 완성한다. 당연한 이야기일지 모르지만 이 세 가지 요소들은 하나의 조합으로 만들어져야 한다. 가장 핵심이자 중심은 가치제안이고 나머지 두 가지 요소가 이 가치제안을 지지한다. 수익공식이 재무적 관점에서 가치제안을 구체화한다면, 고객관계는 사업적 관점에서 가치제안을 현실화시킨다.

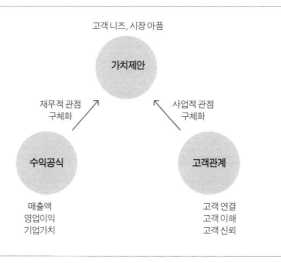

이를 그림으로 나타내면 위와 같다.

약간은 모호할 수 있는 가치제안을 매출액·영업이익·기업가치 등의 재무적 언어로 구체화시키는 것이 수익공식이라면, 고객관계는 가치제안을 통해 어떻게 고객을 확보하고 판매를 늘리고 시장을 확보할 것인가를 설명하는 과정이라 볼 수 있다. 따라서 가치제안이 아무리 훌륭해도 나머지 두 가지 요소가 충분히 구체적이고 정교하지 못하면 비즈니스 모델은 설득력을 갖지 못한다. 이후에 예로 들 사례들을 보면 이 세 가지가 어떻게 균형을 맞추고 어떻게 역할을 하는지를 이해할 수 있다.

가치제안

누군가가 자동차를 타고 어딘가로 가고 있다. 자동차가 있는 이 장면을 두고 어떤 가치제안이 가능한지 생각해보자.

첫째, 현대자동차와 같이 자동차를 제조하여 판매하는 비즈니스가 있다. 이 비즈니스가 고객에게 제공하는 가치는 자동차라는 상품이다. 소비자들은 이 상품의 기능, 가격, 디자인, 브랜드, 안전 등 다양한 요소를 고려하여 가치를 산정하고 구매를 결정한다. 다양한 세그먼트가 존재하기에 각 시장이 요구하는 가치에 맞추기 위해 제조사들은 노력한다. 우리가 알고 있는 가장 일반적인 가치제안이 이뤄지는 곳이다.

둘째, 여기를 제주도라 가정하면 운전자가 타고 있는 차는 렌터

자동차를 중심으로 다양한 비즈니스 모델이 세상에 등장해왔다

카 회사를 통해 빌린 차일 가능성이 높다. 렌터카 비즈니스는 제조된 자동차를 구매하여 여행자에게 빌려주는 비즈니스이다. 아주 오래전부터 존재했던 모델이고 대개의 경우 하루 단위로 차를 빌려주고 그 대가로 돈을 받는다. 렌터카의 가치제안은 여행지에서도 자유로운 이동을 제공하는 데 있다. 기존 렌터카가 하루 단위로 차를 빌려주는 관행을 시간 단위로 바꿈으로써 렌터카에 대한 접근성을 높인 모델이 '쏘카'이다. 차를 빌려 쓰는데 다양한 선택이라는 새로운 가치를 시장에 제안한 모습이다.

셋째, 나는 카카오택시의 뒷좌석에 앉아 있다. 나는 이 자동차를 타기 위해 카카오T 앱을 사용해 이 차를 호출했다. 가까운 거리를 이동하는데 운전을 하기 싫었기에 택시를 불렀다. 호출한 지 3분도 지나지 않아 택시는 나를 기다리고 있다. 택시와 승객을 연결하는 전형적인 플랫폼 비즈니스 모델이다. 이동이라는 가치를 제공하는 주체는 택시다. 여기에 카카오택시라는 앱은 승객과 택시 간의 연결을 편리하게 만든다. 기존에도 콜센터라는 방식으로 두 시장을 중개하는 비즈니스가 있었지만 모바일 디바이스의 출현으로 위치 기반의 서비스 제공이라는 편리함의 가치가 생겨났다.

넷째, 여기가 미국의 샌프란시스코라면 약간 다른 장면도 가능하다. 운전을 하는 사람은 차주이자 드라이버이고 나는 뒷자리에 앉아 있을 것이다. 미국에서는 우버라는 새로운 사업 방식이 이미 오래전 일반화되었고 출장을 갈 경우 이제 차량 렌트는 더 이상 현명한 옵션이 아니다. 비록 한국에서는 불법으로 판정되었지만 많은 나라에서는 이미 일상적인 비즈니스 모델로 자리 잡았다. 우버의 가치제안은 승객이라는 하나의 시장에 국한되어 있지 않다. 승객에게는 앱을 통해 보다 편리하고 저렴하게 이동할 수 있는 가치를 제안했고 서비스의 공급자인 운전자에게는 새로운 소득 창출 기회라는 가치를 제안했다.

이 비즈니스 모델들은 어떻게 만들어졌을까? 한동안은 시장에는 택시와 렌터카라는 서비스만 존재했었다. 그런데 기존의 택시라는 서비스는 카카오택시라는 플랫폼을 탄생시켰고 렌터카는 쏘카라는 진화된 버전을 만들어냈다. 그리고 택시가 부족했던 미국에서는 우버라는 새로운 플랫폼 비즈니스가 등장했다. 이 모든 새로운

1부. 성공하는 비즈니스 모델 설계하기

비즈니스 모델의 등장 이유는 고객에게는 완전히 채워지지 않은 니즈와 더불어 시장에는 여전히 다양한 아픔이 존재했기 때문이다.

즉 새로운 가치제안이 가능한 이유는 고객이 충족되지 못한 니즈를 갖고 있거나 시장에 아픔이 존재하기 때문이다. 렌터카는 너무 제약이 많았고 택시는 불편했고 부족했다. 이 고객의 불만들이 새로운 가치제안의 등장을 가능하게 한 것이다. 따라서 가치제안 이야기는 니즈와 아픔에서 시작되어야 한다. 고객이 가진 니즈와 시장에 내재된 아픔을 해결함으로써 고객 가치를 올리는 새로운 방식이 바로 비즈니스 모델 설계인 것이다.

아픔과 니즈는 어떻게 구분해야 할까?

| 가치제안을 위해서는 아픔을 이해하거나 니즈를 개발해야 한다.

아픔Pain Point과 니즈Needs는 가치제안을 위한 기회라는 맥락에서는 같은 관점에서 볼 수 있다. 고객 혹은 시장에 채워지지 않은 니즈나 해결되지 못한 아픔이 있어야 가치제안이 성립되기 때문이다. 하지만 이 두 단어를 비즈니스 모델 설계에 적용함에 있어 약간의 차이가 존재한다. 가치제안을 설계함에 있어 가장 우선적으로 해결해야 하는 것은 이 두 단어를 명확히 구분해 사용하는 것이다.

　　일단 니즈Needs라는 영어는 한국말로 번역하면 요구 혹은 필요로 쓸 수 있다. 구태여 영어를 쓸 필요가 있을까 하는 생각이 들지만 니즈라는 단어가 너무 널리 쓰이고 있으므로 굳이 한글로 번역해 사용할 필요는 없어 보인다. 단지 의미를 정확히 정리해주는 것이 좋을 듯하다. 일단 모든 소비자는 좋은 물건을 싸게 사고 싶은 니즈가 있다. 물론 높은 가격을 지불하더라도 고품질의 상품을 사고 싶은 니즈도 존재한다. 즉 니즈라는 것은 끝이 없고 다양하다. 하지만 니즈는 고객의 니즈라는 면에서 주체가 명확하다. 즉 우리가 '고객 니즈Customer Needs'라는 표현을 쓰면 그 주체가 고객인 것

이다. 따라서 고객이 원하는 바가 무엇인지를 묻고 찾아내면 되는 것이다.

그런데 우리를 혼란스럽게 만드는 것은 동일한 고객에게 아픔이라는 단어도 사용하기 때문이다. 고객의 아픔과 니즈를 구분하는 것은 현실적으로 가능할까? 이론적으로는 가능하다. 고객 니즈는 고객이 제품이나 서비스를 통해 충족되기를 기대하는 필수 요구 사항과 욕구를 의미하고, 고객의 아픔은 고객이 경험하는 구체적인 문제로 이로 인한 불만이나 불편 등을 의미한다고 정의한다. 두 개념의 정의를 보면 구분이 가지만 현실적으로 이 두 가지를 구분하는 것은 쉽지 않다. 고객의 불만은 언제나 니즈로 연결 확대되기 때문이다. 고객은 언제나 싸고 좋은 품질의 제품과 서비스를 친절하게 제공되기를 바란다. 따라서 이 둘을 혼용해서 쓰는 것은 적합하지 않다.

그렇다면 우리는 아픔을 어떻게 사용해야 할까? 니즈와는 달리 아픔은 보다 포괄적이며 구조적이다. 즉 니즈처럼 다양하게 나타나는 것이 아니라 그 시장 전체에 존재하는 문제의 결과물로 나타난다. 따라서 우리는 아픔이라는 단어를 고객이 아닌 시장에 적용해야 한다. 즉 좀 더 포괄적으로 시장의 아픔Market Pain Point 으로 정의하는 것이 적절하다. 많은 사람이 택시 서비스 품질에 만족하지 못했다. 고객은 서비스 개선의 니즈가 있었지만 기존 택시 사업자들은 이를 개선시키지 않았다. 23만 대가 넘는 택시의 70%가 개인택시였고 개인택시 기사들의 소득은 월평균 200만 원 수준이었기에 서비스 개선이 이뤄지는 것이 근본적으로 힘들었다. 여기에 택시 서비스를 위해서는 라이선스라는 진입장벽이 존재했다. 결국 시장에는 나쁜 서비스와 고객의 불만이라는 아픔이 존재했다. 즉 아픔은 구조적인 문제이고 공급자의 의지나 고객의 바람만으로 해결하지 못하는 경우가 대부분이다.

결국 가치제안을 설계함에 있어 니즈라는 표현은 고객에게 한정하여 사용하고 아픔이라는 단어는 시장 전체를 대상으로 사용하는 것이 좋다. 비즈니스 모델의 설계는 이 두 가지, 고객의 니즈와 시장의 아픔을 대상으로 해결책을 제시하는 것이다.

니즈와 아픔을 이렇게 구분하고 나면 가치제안 구체화는 조금 더 명확해진다. 먼저 우리가 알고 있는 니즈의 대부분은 본질적이다. 본질적이라는 뜻에는 영원히 해결될 수 있는 문제가 아니라는 의미도 있다. 고객이 원한다고 무작정 가격을 내릴 수도, 품질을 올릴 수도 없다. 따라서 고객의 니즈에 무차별적으로 반응하는 것은 비즈니스가 될 수 없다. 따라서 니즈는 찾아낸다는 것이 중요하다. 본질적인 니즈 그 자체보다는 다른 차원의 니즈를 찾아내 여기에 새로운 제안을 하는 것이 필요하다. 이러한 니즈는 물밑에 감춰져 있어 쉽게 수면 위로 나오지는 않는다. 무작정 가격을 내리는 것은 현명하지 않지만 판매 단위를 나누어 낮은 가격으로 접근 가능한 상품을 만드는 것은 가능하다. 작은 단위의 소비를 원하는 고객 니

시장의 아픔은 참여자들 간의 이해 충돌과 소통의 부재로 나타난다

즈가 있다면 말이다. 고객의 니즈에 대한 고민은 이미 수백 년의 역사를 갖고 있다. 우리가 익히 아는 경영학의 절반은 이 소비자의 니즈를 어떻게 이해할 것인가에 맞춰져 있다. 즉 비즈니스 모델의 대상이 되는 소비자의 니즈를 찾아내는 것은 영원한 숙제다.

반면 아픔은 다른 차원의 문제이다. 즉 일정 수준 부정적인 의미를 갖고 있다. 현재 제공되는 품질이 너무 나쁘거나 가격이 비정상적으로 높다면 이는 시장의 아픔이 만들어낸 현상이다. 위에서 언급한 렌터카의 사례를 생각해보자. 현재 렌터카는 선택지가 적고, 가격이 비싸고, 융통성이 떨어지는 문제점을 갖고 있다. 하지만 이 문제는 렌터카 시장 크기에 기인한다. 미국처럼 도시 간 여행을 자주 하는 것도 아니기에 렌터카라는 비즈니스 모델은 큰 투자로 규모의 경제를 이루기도 어렵다. 즉 충분한 수요가 없기에 공급의 품질이 좋아지지 않는 것이다.

쏘카는 이를 젊은 고객들에게 큰 비용을 들여 차를 소유하지 말고 필요할 때마다 쏘카를 빌려 쓰라고 권유하면서 시장을 키우려는 노력을 하고 있다. 충분한 수요를 만들기 위해서는 차량 소유를 대체할 수 있을 만큼의 편의성을 제공해야 하기에 전국에 5,000여 개의 쏘카존을 만들어 접근성을 높이고 필요할 때 아무 데서나 앱으로, 원하는 차를, 원하는 시간만큼 탈 수 있게 하는 선택지를 제공하고 있다. 쏘카의 비즈니스 모델이 대상으로 하는 것은 고객의 니즈가 아니라 시장의 아픔이었던 것이다. 기존 렌터카와 택시 서비스의 불편함이라는 시장의 아픔이 있었기에 우리에게 쏘카나 카카오택시의 등장은 매우 반가웠다. 즉 서비스들이 환영받은 이유는 우리가 느끼는 아픔을 잘 이해하고 이를 해결하는 방향으로 가치제안을 설계했기 때문이다. 그래서 시장에 아픔이 존재하는 경우에 가치제안이 받아들여지기 쉽다.

따라서 우리는 아픔은 이해한다고 하고, 니즈는 개발한다는 표현을 쓰기로 한다. 즉 이해한다는 것은 이미 존재하는 아픔의 이유를 알아간다는 것이고, 개발한다는 것은 아직은 명확히 드러나 있지 않기에 찾아낸다는 뜻이다. 비즈니스 모델 설계 관점에서 보면 아픔이 명시적으로 드러난 기회라면, 니즈는 개발해야 하는 기회라 이해할 수 있다.

그런데 해결책의 제시라는 면에서도 니즈와 아픔은 다른 모습을 보인다. 아직 발현되지 않은 니즈는 그 해결책을 만드는 것이 상대적으로 쉬운 반면, 아픔은 해결책을 만들어내는 것이 상대적으로 어렵다. 니즈에 대한 해결책이 만들기 쉽다고는 하지만 이는 반대로 시장이 절실하게 나의 해결책을 기다리지 않는다는 뜻이기도 하다. 즉 시장에 이 니즈가 있음을 설득하는 과정이 먼저 필요하다.

우리가 많이 접하는 새로운 비즈니스 모델들의 대부분은 이러한 새로운 니즈를 기반으로 한다. 분명히 고객들이 새로운 가치를 인정할 것이라고 주장하는 비즈니스 모델들이 많지만 대부분이 받아들여지지 않는다. 그만큼 고객의 니즈는 다양하고 변화무쌍하기 때문이다. 아파트 엘리베이터 광고로 유명한 층간소음 방지용 슬리퍼 '뭄뭄'과 같은 사례를 생각하면 이해가 쉽다. 한국인의 50%가량이 집단주택 형태인 아파트에 살고 있고 많은 사람들이 층간소음을 경험했기에 성공한 가치제안이라 할 수 있다.

니즈와는 달리 아픔은 시장이 이미 새로운 해결책을 기다리고 있는 경우가 많다. 반면 아픔의 해결을 실제로 실행한다는 면에서 보면 상대적으로 어렵다. '토스'의 경우처럼 기존 사업자들이 방해를 하기도 하고 '타다'의 사례처럼 심지어 정부와 국회가 진입을 막기도 한다. 그런데 이들이 해결하려 하는 아픔들은 누구나 쉽게 공감하는 것들이다. 타다가 처음 나왔을 때 이를 환영하지 않는 사람은 없었다. 필자도 부모님의 이동 니즈를 모두 타다로 해결했었다.

너무도 편했고 친절했기에 기존에 존재했던 다른 해결책들은 완전히 뒷전으로 밀려버렸다. 하지만 타다라는 비즈니스 모델의 성립을 막은 것은 타다로 인해 밀려난 기존 사업자들이었다. 심지어는 택시 기사님들의 분신자살까지 나왔으니 말이다. 즉 아픔에는 이유가 있기에 가치제안을 실제로 구현하는 것이 쉽지 않다. 택시 기사들의 낮은 보수, 그리고 생계의 위협과 같은 다른 차원에서의 이유가 타다의 등장을 막은 것이다. 즉 아픔이라 불리는 이유는 시장의 참여자들이 해결하려 했지만 해결하지 못했기 때문이다.

코로나 시대에 우리는 모두 집에 머물렀다. 그러면서 나의 공간을 좀 더 꾸며보고자 하는 니즈가 커지기 시작했다. 그런데 인테리어라는 행위는 개개의 공간이 모두 다르기에 일반적인 인터넷 쇼핑몰 방식의 접근이 어려웠다. 상품은 많았고 상품당 매출은 높지 않았다. 또한 인테리어 상품들은 기능 상품이라기보다는 미적 상품이었기에 구매자의 공간과 상품이 어울리는지를 설득하는 것이 어려웠다. 오늘의집은 사용자들이 자신의 공간을 촬영해 올리는 '집들이'라는 서비스를 통해 인테리어의 레퍼런스를 제공했고, 이를 통해 소비자들이 자신의 공간과 유사한 인테리어 상품들을 쉽게 찾을 수 있도록 도왔다. 이 해결책을 통해 공급자들은 자신의 상품을 보다 친절하게 보여줄 수 있게 되었고 소비자는 보다 쉽게 상품을 찾을 수 있게 되었다. 시장의 아픔이 사라진 것이다.

종종 시장의 아픔과 고객의 니즈가 혼동되는 경우가 있다. 대표적인 예가 금융시장이다. 금융시장은 일단 폐쇄적이다. 모든 금융 사업자는 라이선스가 필요하고 사업을 영위하기 위한 자본금 규모도 정해져 있다. 상품의 형태도 디지털이고 실물이 필요한 경우가 거의 없다. 또한 기본적인 금융 서비스는 경쟁사 대비 차별화가 쉽지 않다. 이자율이라는 돈의 가격은 상품의 가격과 달리 전체 경제 상황에 따라 변동되기 때문이다. 우리가 수십 년 동안 사용해온 금융 서비스가 인터넷과 모바일의 등장에도 큰 변화를 겪지 않은 것은 바로 이런 특징에 기인한다. 즉 피상적으로 보면 금융 서비스라는 시장에는 큰 아픔도, 니즈도 존재하지 않았다. 나름 토스나 카카오뱅크가 진입에 성공하고 변화시킨 것은 편리함이라는 새로운 니즈를 개발해낸 결과이다. 기존과는 달리 몇 번의 클릭으로 송금하는 편리함에서 시작해 일부의 금융 활동을 편리하게 한 것이다. 하지만 명시적인 아픔이 존재하지 않았기에 타 산업처럼 새로운 비즈니스 모델 사업자들이 금융시장을 지배하고 있지는 못하고 있다. 토스와 카카오뱅크는 송금이라는 기본적인 기능을 바탕으로 조금씩 영역을 확장하고 있지만 그들이 확장하려는 대상이 아픔이 아니기에 더딜 수밖에 없는 것이다.

가치제안을 위해서는 고객과 시장에 니즈나 아픔이 있어야 한다. 아픔을 이해하고 니즈를 개발하는 것이 가치제안의 첫 단계이다.

가치사슬 비즈니스 모델과 플랫폼 비즈니스 모델

　가치제안을 설계하기 위해 고객의 니즈와 시장의 아픔을 찾고 이해하는 과정을 거치고 나면 이제 본격적인 비즈니스 모델을 설계하게 된다. 그런데 여기에 또 하나의 고려 요소가 등장한다. 바로 대상 시장의 숫자이다. 비즈니스 모델이라는 단어가 사람들의 입에 오르내리게 된 것은 인터넷이라는 새로운 기술이 등장하고 플랫폼이라는 비즈니스 모델이 나타나면서 본격화되었다. 즉 어느 순간부터 대상으로 하는 시장이 하나인지, 아니면 복수인지가 중요한 상황이 되어버렸다. 플랫폼은 양면시장 혹은 다면시장을 그 대상으로 한다. 위에서 말한 가치의 제공이라는 면에서는 동일한 이야기지만 그 가치 제공의 대상이 하나에서 복수로 확장된 것이다. 일단 지금부터는 설명의 편리를 위해 복수의 시장이 아닌 양면시장이라 가정하고

가치사슬 비즈니스 모델 vs. 플랫폼 비즈니스 모델

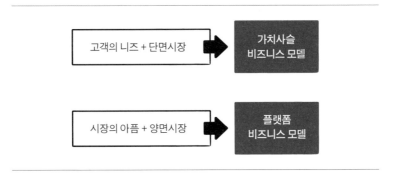

이야기를 하도록 하겠다.

즉 양면시장을 대상으로 가치를 제공하는 비즈니스 모델이 플랫폼 비즈니스 모델이다. 그렇다면 단면시장을 대상으로 가치를 제공하는 비즈니스 모델은 무엇이라 불러야 할까? 일단 가치사슬 비즈니스 모델이라 부르자. 가치사슬이라는 단어가 모호하기는 하지만 우리가 많이 알고 있는 밸류 체인Value Chain이라는 단어는 한 방향으로의 가치의 흐름을 말하기에 쉽게 동의된다.* 즉 결과물을 기준으로 생각하면 우리의 비즈니스 모델은 두 가지 중 하나의 모습을 갖는다. 하나는 가치사슬 비즈니스 모델이고, 다른 하나는 플랫폼 비즈니스 모델이다. 이렇게 두 형태로 나누어야 하는 이유는 두 가지 비즈니스 모델에 따라 향후 사업 운영과 필요 자원, 그리고 사업 전략이 많이 달라지기 때문이다.

그런데 다시 돌아가 고객의 니즈와 시장의 아픔을 생각해보면, 고객의 니즈는 고객이라는 하나의 시장을 대상으로 하고 시장의 아픔은 시장을 구성하는 다수의 참여자를 대상으로 한다. 즉 고객의 니즈와 시장의 아픔을 다른 언어로 바꾸면 두 개의 비즈니스 모델이 만들어진다. 고객의 니즈를 대상으로 한 가치제안은 가치사슬 비즈니스 모델이 되고 시장의 아픔을 대상으로 한 가치제안은 플랫폼 비즈니스 모델이 된다. 너무 단순하고 일방적인 논리로 보이지만

---

* 이 구분은 《성공하는 스타트업을 위한 101가지 비즈니스 모델 이야기》를 참조했다.

설계를 위해서는 개념의 혼동보다는 명확한 것이 더 좋다. 다양한 표현을 다양한 용도로 쓰는 것은 오해를 만들어낼 뿐이다.

따라서 이 시점부터 보다 명확하게 정리해가는 것이 중요하다. 고객의 니즈, 단면시장, 가치사슬 비즈니스 모델이 하나의 묶음이고 시장의 아픔, 양면시장, 플랫폼 비즈니스 모델이 또 하나의 묶음이다. 우리가 잘 알고 있는 가치사슬 비즈니스 모델은 하나의 대상 시장인 고객의 니즈를 기반으로 만들어졌고 새로이 등장한 플랫폼 비즈니스 모델은 고객만이 아닌 공급자를 포함한 시장에 존재하는 아픔을 대상으로 만들어졌다는 사실을 기억하면 된다. 배달의민족이나 오늘의집이 고객의 니즈를 기반으로 설계된 것이 맞지만 동시에 식당과 고객 간의 정보 단절, 인테리어 공급자와 소비자의 연결의 어려움을 해결한 것이 플랫폼 비즈니스 모델 성립의 핵심이었다는 사실을 말이다.

법인택시 회사는 고객인 승객을 대상으로 이동 서비스를 제공한다. 반면 카카오택시는 두 개의 시장을 대상으로 가치를 제공한다. 택시 기사들에게는 일감을 제공하고, 택시 승객에게는 이동 수단을 제공한다. 두 개의 다른 시장을 연결하면서 두 개의 시장을 모두 만족시킬 때 이 플랫폼은 성립되고 성장하게 된다. 가치를 제공한다는 면에서는 동일한데 대상 시장의 수가 다르다. 따라서 이 두 개의 비즈니스 모델은 외견상 제공되는 서비스는 같지만 대상 시장의 숫자가 다르기에 처음부터 모든 것이 다르다.

결론적으로 비즈니스 모델을 설계함에 있어 가장 먼저 부딪히는 선택지는 단면시장을 대상으로 서비스를 설계할 것인가, 아니면 양면시장을 대상으로 플랫폼을 설계할 것인가인데, 이를 다르게 표현하면 고객 니즈를 대상으로 가치제안을 설계할 것인가, 아니면 시장의 아픔을 대상으로 가치제안을 설계할 것인가의 질문과 동일하다.

여기서 설계라는 단어는 대상 시장의 숫자에 따라 약간 다른 의미로 사용된다. 단면시장을 위한 설계는 고객 니즈를 대상으로 비즈니스를 설계하는 것이기에 조금 단순하다면(그렇다고 쉽다는 의미는 아니다), 양면시장을 대상으로 한 플랫폼의 설계는 조금 복잡하다. 단면시장을 대상으로 하면 시장에 대한 이해가 이미 존재하는 경우가 대부분이고 제공하는 가치를 낮은 가격, 높은 품질, 편리하게, 혹은 다르게 제공할 것인가를 고민하는 데 집중된다. 반면 플랫폼은 두 개의 서로 다른 시장을 대상으로 새로운 방식을 제시해야 하기에 조금 어렵다. 단순히 모든 시장 참여자를 대상으로 싸게, 편하게, 다양하게 서비스를 설계할 경우 시장 간의 이해가 충돌할 수 있기 때문이다. 단순하게 생각해도 거래가 이뤄지는 양자를 모두 만족시키는 것은 쉽지 않다. 그래서 플랫폼에서는 두 시장 모두의 가치 제고라는 또 다른 설계가 필요하다. 즉 플랫폼 비즈니스 모델을 만들기 위해서는 각 대상 시장별 서비스 설계와 두 시장 간의 설계가 모두 필요하다. 이제 개념을 정리했으니 고객 니즈와 시장 아품의 구체적인 모습을 살펴보자.

고객 니즈의 모습들

고객 니즈라는 표현은 경영학에서 이미 많이 언급됐기에 익숙한 표현이다. 아주 다양한 니즈가 존재하지만 중요한 니즈들을 살펴보자.

첫 번째는 경제적 니즈이다. 이를 가장 쉽게 표현하면 기존보다 낮은 비용으로 동일한 가치를 제공하는 것이다. 이를 동일한 가격에 높은 가치를 받는 것으로 바꿔 말할 수도 있다. 매우 직설적이다. 이를 가장 쉽게는 가격이라 부른다. 과거보다 낮은 가격으로 동일한 상품을 살 수 있는 것을 거부할 소비자는 없다. 마찬가지로 동일한 가격으로 더 고품질의 상품을 살 수 있다면 모든 소비자가 반길 것이다. 기술 발전으로 비용을 낮출 수도 있고 시장의 나쁜 구조를 깨뜨림으로써 가능할 수도 있다. 기존에 단절되었던 정보를 연결함으로써 시장의 비효율을 제거할 수도 있고, 고객을 설득하여 규모의 경제를 만들 수도 있고 고객의 습관을 바꿀 수도 있다. 가장 보편적이고 고객 모두가 동의하는 가치다. 하지만 경제적 니즈의 가장 큰 문제는 근본적 해결이 불가능하다는 사실이다. 고객은 언제나 더 낮은 가격을 원하기 때문이다.

두 번째는 고품질에 대한 니즈이다. 품질의 개념은 가격 성능이라는 단어와 혼동될 수 있지만 여기서는 절대적인 품질이 올라감을 의미한다. 예를 들어 텔레비전의 크기가 커지는 것과 같은 것을 의미한다. 더 큰 화면을 원하지만 합리적 가격에 제공이 어려운 경우가 그렇다. 고품질 상품의 타깃 고객은 더 높은 가격을 지불할 의사가 있는 고객이다. 이 니즈는 소수의 지불 능력을 가진 고객을 대상으로 한 시장이며 대개의 경우 기술 개발과 같은 과정을 통해 해결된다.

세 번째는 기존보다 편리해지는 니즈이다. 기능적 가치라 할 수 있다. 제공되는 가치와 지불하는 비용은 동일하다. 아니, 비용이 조금 더 들어갈 수도 있다. 그런데 그 과정이 편리해지면 사용자의 가치는 올라간다. 전자상거래, 음식 배달, 택시 호출 등이 모두 그런 예이다. 심지어 이들은 더 적은 비용으로 기존보다 편리하게 만들어버렸다. 기업의 입장에서 이러한 서비스가 가능한 이유는 대부분의 경우 신기술의 적용으로 보이지만 지난 20년간 혁신의 대부분은 플랫폼이라는 새로운 비즈니스 모델의 등장으로 나타났다. 지식, 미디어, 상거래 등 거의 모든 영역에 플랫폼 비즈니스 모델이 등장하면서 더 낮은 가격에 더 편리한 서비스들을 제공하고 있다. 이 편리함의 가치는 시간이 흐르면 자연스레 사라지면서 시장의 보편적인 가치로 남아버린다. 고객은 새로운 편리함에 익숙해지기 때문이다.

네 번째는 다양함의 니즈이다. 다양성이라는 단어는 약간 모호해 보이지만 보다 많은 선택지를 제공한다고 이해하면 된다. 멜론과 같은 디지털 음악 서비스는 음원의 디지털화라는 신기술의 적용을 통해 편리함으로 제공하기도 했지만 디지털 공간이 갖는 장점을 이용해 이용할 수 있는 음원의 숫자를 무한대로 늘려버렸다. 과거 음반이라는 물리적 한계나 음원을 한 개씩 살 때의 한계를 완전히 벗어나 엄청난 다양성을 제공하기 시작한 것이다. 멜론에 이어 등장한 플로FLO의 경우 국내 최다 7,000만 곡의 음원 스트리밍을 자랑한다. 다양성이라는 가치는 디지털화라는 새로운 기술의 등장으로도 가능했지만 다이소와 같은 오프라인 유통망에서는 낮은 가격에 다양한 상품을 제공하는 것을 가치제안으로 내세우고 있는 것을 보면 단순히 디지털 기술에 한정해 생각할 것은 아니다.

다섯 번째는 이 거래 행위를 통해 남들과 달라지는 것이다. 이에 차별화라는 단어를 사용하는데 그 방법에는 역시 여러 가지가 있다. 가장 쉽게 생각할 수 있는 차별화는 고가격의 프리미엄 품질을 통해 이뤄진다. 이 브랜드 상품을 얻기 위해 우리는 상대적으로 더 많은 금액이 필요하지만 대개의 경우 흔쾌히 지불한다. 바로 프리미엄이 주는 이미지 때문이다. 하지만 이러한 차별화와는 다른 더 중요한 차별화 시도가 나타나고 있다. 바로 상품 혹은 브랜드가 가진 고유한 특징과 가치를 통해 고객 스스로가 차별화를 얻는 경우이다. 파타고니아와 같이 지구를 주주로 삼는다는 브랜드 가치는 그 상품을 구매하는 사람들에게 스스로를 친환경주의자로 만들어주는 효과를 낳는다. 이 가치는 문화의 감성적 가치, 기술의 혁신성에 기반한 앞서가는 가치, 윤리적이며 지속가능성을 지원하는 가치,* 그리고 독특하고 개인화된 디자인 등을 통한 가치 등 다양한 형태로 나타난다. 이유가 무엇이든 나를 타인과 다르게 보일 수 있는 요소를 구입함으로써 느끼는 가치는 금전이나 편리와 같은 실용적 가치와는 다른 차원에 존재한다.

과거 브랜드에 대한 충성이라고 쉽게 표현되던 가치가 이제는 아주 다양한 이유로 보다 작은 브랜드까지 확대되는 추세이다. 즉 니치 브랜드가 제공하는 차별적이면서 심미적 가치를 구매함으로써 나를 타인과 구분하려는 노력은 사회의 다양성 확대와 더불어 점점 더 확대되고 있다. 이 추세는 브랜드를 넘어 리미티드 에디션Limited Edition 과 같이 상품 레벨에서도 희소성이 있는 구매를 통해 얻을 수 있는 가치로 확대되며 젊은 소비자들에게 주목을 받고 있다.

이들 외에 분명 사용자의 가치를 올리는 요소가 존재할 것이고 비즈니스 모델의 설계에 있어 보다 다양한 고객 가치를 찾아내는 것은 설계 그 자체의 목적이 되어야 한다. 이 과정이 바로 가치제안을 개발하는 일이다. 고객이 니즈를 알려주면 더 좋지만 그 니즈가 어렵지 않게 해결될 수 있다면 이미 가치를 상실한 것이다. 따라

---

* 이 가치를 ESG(환경Environmental, 사회Social, 지배구조Governance)적 가치라 말할 수 있다.

서 고객이 느낄 수 있는 가치 요소를 파악해내고 어떠한 가치를 올릴 것인가를 고객에게 알리는 제안이 바로 가치제안이다. 그러기에 가치제안이라는 단어는 조금 모호해 보이지만 비즈니스 모델 설계에서는 가장 중요한 시작점인 것이다.

시장 아픔의 모습들

가치제안이 플랫폼 영역으로 넘어가면 조금 복잡해진다. 대상 고객이 하나가 아니라 둘이기 때문이다. 즉 시장에 참여하는 공급자와 수요자, 기업과 고객, 판매자와 구매자라는 복수의 참여자들이 갖고 있는 시장의 아픔을 해결해야 하기 때문이다. 그 아픔에는 어떤 종류가 있고 어떤 가치가 제안될 수 있는지 살펴보자. 시장의 아픔은 다양한 형태로 나타나기에 그 아픔을 해결하는 가치제안을 중심으로 생각해보도록 하자.

플랫폼이 시장에 제시하는 가치제안은 대개의 경우 오랫동안 시장에 존재해왔던 아픔을 대상으로 한다. 시장에 존재하는 아픔의 가장 기본적인 모습은 단절과 불신이다. 두 개의 시장이 분리되어 있거나, 만날 수 있더라도 정보가 공유되지 않거나, 만날 수는 있지만 두 시장 사이에 신뢰가 부족해 거래가 어려운 경우가 바로 그것이다. 플랫폼은 대개의 경우 이 두 시장을 연결시키고 중재자로서 신뢰를 제공함으로써 성립한다. 바로 두 시장 간의 관계를 변화시켜 가치를 창출한다. 이 가치는 네 가지로 구분되는데 연결, 거래, 교류, 환경이 바로 그것이다.

연결이라는 첫 번째 가치

구글이 검색을 통해 지식 수요자와 공급자를 연결하고 페이스북이 콘텐츠 공급자와 수요자를 연결한다. 배달의민족과 오늘의집, 그리고 카카오택시가 무엇을 연결하는지 생각해보면 연결의 가치는 쉽게 이해된다. 그리고 대부분 시장의 아픔은 정보의 단절에서 시작되었다. 빈 차로 돌아다니는 택시와 길에서 택시를 기다리는 손님은 서로의 존재를 알 수 없었기에 아픔이 존재했고, 밖에 나갈 수 없는데 배달이 되는 음식은 중국 음식밖에 모르던 손님과 재료가 남아 버릴 수밖에 없는 식당 역시 서로 연결되지 못하는 아픔이 있었다.

플랫폼을 통한 연결의 가치는 분명 양면시장 모두에게 가치를 제공한다. 하지만 이 연결만으로 플랫폼의 비즈니스 모델이 성립되지 않는 경우가 많다. 따라서 연결이 성립되면 플랫폼은 다시 선택의 기로에 서게 된다. 일회성 연결을 일상적인 교류로 만들어 안정적이며 규모 있는 트래픽을 만들어낼지, 아니면 신뢰 확보를 통해 거래를 도울지를 말이다. 물론 연결이라는 가치 그 자체를 수익으로 연결시킨 사례도 존재한다. 일회성 연결의 양이 하루에 수십억 건에 달하고 그 연결이 광고라는 수익창출 방식과 잘 맞아 들어갔던 구글의 검색이라는 비즈니스 모델이 그 경우이다. 연결을 통해 만들어진 트래픽이 가치가 있다는 것은 그 가치를 수익으로 전환하는 것도 가능하다는 뜻이다.

거래라는 두 번째 가치

두 번째 가치는 거래의 가치다. 연결을 넘어 두 시장 간에 거래가 가능하도록 만드는 과정은 플랫폼이 제공하는 두 번째 가치다. 단순한 연결에서 거래를 위한 연결로 바뀌면서 필요로 되는 덕목은 신뢰이다. 이 플랫폼을 신뢰해야만 거래가 가능하기 때문이다. 거래라는 가치가 플랫폼을 통해 입증되면서 거의 모든 영역에서 거래 플랫폼들이 등장하기 시작했다. 이 과정에서 거래를 위한 플랫폼들의 비즈니스 모델들이 다양해지기 시작한다. 단순한 연결에서 거래로 넘어왔듯이 거래의 가치를 제공함에 있어서도 플랫폼은 선택의 기로에 서게 된다. 운영자로서 보다 많은 개입을 통해 거래의 품질을 올릴 것인지, 아니면 적극적 개방을 통해 다양성과 낮은 거래비용을 추구할 것인지를 말이다. 고객 입장에서 느끼는 가치는 분명히 다르기에 다양한 비즈니스 모델이 등장하게 된다.

여기에 가장 적합한 예가 바로 쿠팡이다. 온라인 쇼핑, 전자상거래 시장은 지속적으로 시장의 리더가 바뀌어왔다. 산업의 처음은 인터파크가 열었지만 머지않아 옥션이 시장을 주도했고 지마켓이 등장하면서 판도가 바뀌었다. 이 두 기업이 합쳐지면서 시장은 이 베이코리아가 주도하는 것으로 보였지만 현재의 시장 지배자는 쿠팡으로 바뀌었다. 2023년 국내에서 유일하게 흑자를 내는 전자상거래 기업이 바로 쿠팡이다. 그런데 이 과정에서 시장 리더들의 운영자로서의 입장은 계속 바뀌어왔다. 쿠팡은 오픈마켓의 개방성을 버리고 91.5%를 직매입하여 직접 판매, 배송하는 사업 방식을 선택하여 운영하고 있다.[*] 물류 인프라를 기반으로 거래에 직접 관여함으로써 품질을 올리면서 동시에 오픈마켓을 통해서는 구색을 확보하는 전략을 선택하고 있다. 거래라는 가치는 신뢰를 중요시하기에 플랫폼 운영자의 개입은 자연스럽게 인정되었고 운영자는 보다 큰 권력을 갖게 되었다. 더 많은 가치를 제공하면서 더 큰 신뢰를 주는 비즈니스 모델이 시장에서 선택되고 있는 것이다.

최근 큰 문제가 되었던 티몬, 위메프 사태는 이 신뢰의 가치를 깨뜨리면서 낸 플랫폼 일탈의 사례였다. 이 사건을 제대로 이해하기 위해서는 플랫폼이라는 비즈니스 모델이 만들어낸 신뢰의 가치가 어떻게 만들어졌는지를 생각해보면 된다. 우리가 왜 어떤 이유로 티몬, 위메프와 같은 사업자가 나의 구매대금을 판매자에게 분명히 전달해줄 것이라 믿게 되었는지를 말이다.

---

[*]   2024년 현재 쿠팡의 오픈마켓 비중은 8.5%에 불과하다.

교류라는 세 번째 가치

인간은 교류를 원하는 동물이다. 그래서 우리는 방구석에 박혀 있는 젊은이들을 걱정한다. 누군가를 만나고 무언가를 나눈다는 것은 분명 인류에게는 본능적인 행위일 것이다. 그래서 이 행위를 보다 쉽고 편하게 일상적으로 할 수 있는 공간에 대한 니즈가 있어왔다.

교류라는 가치는 SNS라는 우리가 익히 알고 있는 서비스에서 시작되었다. 사회관계망 서비스는 사람들이 만남을 오프라인에서 온라인으로 옮겨오면서 시작되었다. 사람들 간의 관계는 자연스럽게 교류의 가치를 만들었고 콘텐츠들이 이 네트워크 위에 올라오면서 자연스레 교류의 가치가 콘텐츠의 가치와 엮이게 되었다. 사람들은 단순히 인간관계만을 통해 연결되는 것이 아니라 사회관계, 즉 정보와 콘텐츠를 통해 연결되기 때문이다. 교류의 가치는 그래서 자연스레 광고라는 수익을 만들어내면서 비즈니스 모델로 자리 잡게 되었다.

이 교류의 가치가 해결한 가장 큰 아픔은 폐쇄와 독점이었다. SNS 기반의 미디어 플랫폼이 나타나기 이전의 세상의 미디어는 권력을 가진 자들에게 독점되어 있었고 힘이 약한 대중들에게는 접근이 불가능했다. 〈내부자들〉이라는 영화에서 "어차피 대중은 개돼지입니다"라는 표현이 등장한 것은 이러한 미디어 권력의 세태를 잘 보여준다. 그런데 개방과 공유라는 새로운 시대 사상을 기반으로 이제는 마이크로 미디어 시대가 시작되었다. 누구나 자신의 생각을 이야기할 수 있고 그 생각이 옳거나 재미있다면 그 콘텐츠는 엄청난 속도로 확산되기 때문이다. 새로운 미디어가 만들어낸 새로운 전달 방식은 폐쇄와 독점이라는 시장의 아픔을 해결했기에 새로운 미디어 플랫폼으로 자리 잡았다.

페이스북과 인스타그램을 가진 메타가 가장 대표적인 교류의 가치를 가진 플랫폼 비즈니스 모델이다. 페이스북은 SNS 기반의 미디어 플랫폼이라 부를 수 있는데 SNS를 기반으로 만들어진 사람들의 네트워크 위에 미디어 콘텐츠들이 유통되기 때문이다. 이 교류의 가치는 고품질의 사용자 정보를 기반으로 한 광고를 가능하게 하여 가치의 수익화가 이뤄진다.

교류라는 가치를 비즈니스적으로 표현할 때 커뮤니티라는 단어를 많이 활용한다. 커뮤니티를 만들어 나의 가치를 올리겠다는 의미로 말이다. 하지만 과거를 돌아보면 커뮤니티는 쉽게 만들어지지 않는다. 커뮤니티가 만들어지기 위해서는 참여를 통해 얻을 수 있는 가치가 명확해야 하기 때문이다. 대부분의 성공한 커뮤니티가 비금전적 가치를 통해 만들어졌다는 것을 기억한다면 비즈니스라는 단어와 커뮤니티라는 단어가 얼마나 잘 어울리지 않는지를 알 수 있다.

환경이라는 네 번째 가치

마지막 가치는 환경의 가치다. 운영자로서 플랫폼의 역할이 점점 강해지다 보면 플랫폼은 자신의 사업영역을 계속해서 확대하게 된다. 나의 플랫폼 안에 들어와 있는 양면시장 참여자들에게 보다 나은 서비스를 제공하기 위해서는 보다 폐쇄적일 필요도 있고 일정 수준의 통제가 필요하다. 이 방향이 점점 강해지면서 나타나는 현상이 플랫폼 생태계의 등장이다. 이 플랫폼 안에서 모든 것이 가능하기에 굳이 타 플랫폼을 고민할 필요가 없게 만드는 그런 가치를 제공한다. 우리가 애플의 아이폰을 쓰면서 느끼는 감옥 속의 편리함이나 쿠팡의 로켓와우 멤버십 안에서 무료 배송과 배달 할인, 그리고 OTT 서비스를 즐기는 자발적 구속이 바로 이런 모습이다.

최근 이런 인프라 플랫폼으로의 진화를 노력하는 기업들이 늘어나고 있다. 미디어 플랫폼에서 메타버스라는 영역에서의 인프라 플랫폼을 꿈꾸는 메타가 그 첫 번째 예이고, 아마존닷컴이라는 마켓플레이스의 핵심 도구였던 물류 서비스(FBAFulfilment by Amazon)와 멤버십(아마존 프라임Amazon Prime)을 경쟁사들에게 개방해버린 아마존이 두 번째 예이다. 환경이라는 가치는 엄청난 투자를 요구하기에 초기 스타트업들이 감히 생각할 수 있는 영역은 아니다. 하지만 경쟁자인 플랫폼들의 지향점이 어디인지를 이해하는 것은 중요하다.

가치제안의 설계

가치제안 설계의 시작점은 고객이다. 그런데 내 비즈니스의 고객이 하나가 아닌 둘인 경우가 있다. 그래서 시작점은 나의 대상 고객 수를 확정하는 일이다. 물론 이 확정은 잠정적이다. 가치제안을 설계하는 과정에서 대상 고객 수를 변경하는 것도 가능하다.

고객이 하나인 경우 고객 니즈에 집중하면 된다. 고객이 원하는 것이 무엇인지 파악하고 그에 맞는 해결책을 만들면 그것이 가치제안이 된다. 그런데 고객 니즈를 살피다 보면 시장에 어딘가 문제가 있고 아픔이 있는 경우가 있다. 단순히 고객의 니즈 해결만으로 충분하지 않은 경우이다. 이 경우는 시장의 아픔을 해결할 방법을 찾아야 한다. 이때 만들어져야 하는 가치제안의 난이도는 조금 올라간다. 시장의 아픔은 전체적인 시장에 대한 안목을 가지고 이해하는 과정을 통해서만 드러나기 때문이다. 가치제안 설계의 시작은 고객 니즈에서 시작해 시장의 아픔으로 확장해나가 보는 것이 올바른 순서이다.

몇 가지 예를 드는 것으로 가치제안 설계 이야기를 정리해보자. 공유오피스라는 비즈니스 모델은 이제 당연한 것처럼 여겨진다. 하지만 그 이전을 보면 시장에는 작은 공간을 단기적으로 사용하고자 하는 스타트업들과 공간의 임대를 크게 장기적으로 빌려주려는 빌딩 주인 간에 이해의 차이가 존재했었다. 이를 고객의 니즈에 초점을 두고 비즈니스를 설계하면 빌딩 주인으로부터 빌딩을 임대해 공유오피스를 운영하는 것이다. 기존 빌딩 주인들이 고려하지 않았던 고객의 니즈에 맞춰 공간을 잘게 나눠서 융통성 있게 임대하는 방식으로 말이다. 이렇게 접근하면 고객 니즈를 기반으로 한 가치사슬 비즈니스 모델 설계이다. 이렇게 탄생한 비즈니스 모델이 '패스트파이브'의 공유오피스 모델이다. 패스트파이브의 원형인 위워크 WeWork는 이 가치사슬 비즈니스를 플랫폼 비즈니스로 확장하려 시도하다 실패한 사례이다.

미국의 대도시 중의 하나인 샌프란시스코에는 택시가 1,500대에 불과하다. 대중교통도 많이 불편하기에 자차를 운전하는 것이 필수적이다. 하지만 도심 내에 주차장은 턱없이 부족하기에 자차 운전도 좋은 대안이 아니다. 모바일로 호출할 수 있는 편리한 리무진 서비스에 대한 니즈가 있을 것이라 판단하여 우버블랙Uber Black이라는 가치사슬 비즈니스 모델이 시작되었다. 하지만 얼마 지나지 않아 우버는 우버X라는 누구나 자신의 차량으로 이동 서비스에 참여할 수 있는 플랫폼 비즈니스로 확장하면서 진정한 이동의 가치를 제공하기 시작한다. 시작은 고객의 니즈를 기반으로 한 가치사슬 모델이었지만 진정한 가치제안은 시장의 아픔을 대상으로 한 플랫폼 형태로 이뤄졌다.

가치제안의 설계는 내가 대상으로 하는 고객과 시장의 니즈와 아픔이 무엇인지 파악하고 그에 맞게 해결책을 제안하는 것이다.

수익공식

    비즈니스 모델의 두 번째 조각은 수익공식이다. 아무리 시장에 제안하는 가치가 크고 명확하다 해도 돈을 벌 가능성이 낮다면 좋은 비즈니스 모델이라 말할 수 없다. 이제 돈 버는 방법을 설계할 시간이다. 다시 말하지만 수익공식은 돈을 버는 방법을 설명하는 것이 아니라 돈을 벌 수 있다는 가능성을 증명하는 과정이다. 물론 이 가능성을 증명하기 위해서는 어떻게 매출을 만들 것인가를 결정하는 것도 중요하다. 하지만 그 자체를 수익공식으로 오해하는 것은 큰 문제를 만든다. 그래서 이 글에서는 돈을 버는 방식을 수익창출 방식으로 구분하여 부른다. 우리가 이미 알고 있는 판매 수익, 광고, 수수료, 사용료 등과 같은 돈을 버는 방식은 수익창출 방식이라 부르고 수익공식의 일부로 이해한다. 아울러 앞에서 설명했듯이 수익공식의 대상은 영업이익이다. 가치제안을 통해 만들어지는 영업이익만을 대상으로 나의 수익공식을 증명해야 한다.

나의 비즈니스 모델이 의미 있는 규모의 영업이익을 만들어낼 수 있다는 것을 증명하려면 두 가지 요소를 정리하면 된다. 첫 번째는 매출이고 두 번째는 비용이다. 어떤 수익창출 방식을 통해 얼마만큼의 매출이 예상됨을 계획하고 증명하는 것이 첫 번째이고, 두 번째는 이를 위해 필요한 비용이 얼마인지를 산출하여 보여주면 된다. 그런데 매출과 달리 비용을 산출하기 위해서는 내가 어떤 자원을 가지고 어떤 프로세스로 가치제안을 구현할 것인가가 명확해야 한다. 단순한 비즈니스 모델 설계가 위기에 봉착한 순간이다. 하지만 이 시점에서 다시 정확한 비용 산출을 위한 자원과 프로세스 설계로 돌아가는 것은 어리석은 선택이다.

조금은 거칠더라도 나의 비용 구조를 가설적으로 추정하는 것이 필요하다. 이를 위해서는 동종업계 경쟁자들의 비용 구조를 참조하여 비용 구조를 가정하는 것이 필요하다. 심지어는 나의 영업이익률을 25%와 같이 목표로 설정하는 것도 가능하다. 복잡한 자원과 프로세스 설계를 통해 만들어진 영업이익률과 추정과 가정을 통해 설정된 영업이익률이 얼마나 차이가 날지는 그 누구도 쉽게 알지 못하기 때문이다. 즉 비즈니스 모델 설계 단계에서의 영업이익률 추정은 세세한 비용 항목의 나열이 아닌 설득력 있는 가정이 더 효과적일 수 있다.

결국 수익공식의 설계에서 가장 중요한 것은 영업이익의 규모이다. 비즈니스 모델 설계 단계에서 영업이익의 규모는 그 무엇보다 중요하고 이 숫자를 통해 나의 사업이 수익창출이 가능하다는 것을 증명해야 한다. 이 관점에서 고려해야 할 한 가지 중요한 요소가 있다. 바로 나의 가치제안과 돈 버는 방식이 정확히 일치해야 한다는 것이다.

수익공식과 가치제안의 조화

고객의 니즈와 시장의 아픔을 인지하고 그것을 해결하기 위해 만든 가치제안을 받아들인 고객이 그 대가를 지불하는 것은 당연하다. 따라서 가치제안과 수익공식은 일종의 대칭 관계를 이룬다. 회계적으로 이야기하면 가치제안을 만들어내기 위한 노력이 비용이고 그 대가로 받는 것이 매출이다. 그 대칭이 얼마나 적절한가에 따라서 고객과 시장은 우리의 가치제안을 다시 고려해보기도 한다. 훌륭한 제안이지만 요구되는 비용이 너무 크면 수용을 거부하는 것은 당연하다.

배달 시장으로 가보자. 배달의민족은 사업 초기에는 요기요와 마찬가지로 주문중개의 대가로 수수료를 받았다. 요기요의 12.5%

에 비해 낮은 6.5%에 불과했지만 시장은 이에 반발했고 골목상권 파괴자로 몰렸다. 이에 배달의민족은 2015년 무료 수수료 선언을 하고 주력 수익창출 방식을 광고로 전환했다. 즉 수수료라는 수익창출 방식이 음식 배달이라는 시장에서 잘 받아들여지지 않은 것이다. 배달주문을 중개해준다는 가치제안이 손님에게는 가치로운 일이지만 식당에는 품만 들고 돈이 되지 않았다. 배달중개 플랫폼들이 골목 시장을 파괴하고 있다는 비판에 직면한 것은 바로 이런 이유였고 배달의민족은 이 비판을 받아들여 수수료 무료 선언을 하게 된다. 즉 주문을 무료로 중개해주고 자신은 광고를 통해 돈을 벌겠다는 선언을 한 것이다.* 가치제안은 좋지만 수수료라는 수익창출 방식이 적절하지 않았던 사례이다. 광고라는 새로운 수익창출 방식에에 대한 선택권은 식당 사장님들에게 있었기에 새로운 수익공식을 시장은 아무런 불만 없이 받아들였다.

2023년부터 배달의민족은 배민1을 통해 다시 수수료 방식으로 전환에 성공했고 가치제안과 수익공식이 어긋난 현실을 독점적 지배력을 통해 막고 있는 상황이다. 일반적인 고객의 니즈는 가치의 대가가 너무 높으면 구매를 거부한다. 하지만 플랫폼이 독점적 지배

---

* 이후 신규 사업으로 추진했던 배달의민족찬은 철수했고 식당 MRO 사업인 배달의민족상회도 B마트로 흡수된 모습이다. 우아한청년들을 통해 운영하던 배민라이더 사업은 배달의민족이 직접 배달을 확장하면서 성장하고 있다. 현재 배달의민족은 배달 플랫폼과 B마트 중심으로 운영 중이고 2023년에 B마트의 매출이 6,880억 원을 보고했지만 아직은 수익창출 단계에 접어들었다고 보기는 이르다.

력을 갖고 있다면 상황은 다르다. 힘을 가진 플랫폼이 원하는 가치의 대가가 높아도 이에 저항하는 것은 쉽지 않기 때문이다.

당근이 보이고 있는 가치제안과 수익공식의 관계 역시 주목할 만하다. 먼저 당근은 중고 상품 거래를 통해 하이퍼 로컬 플랫폼이라는 이름을 얻었다. 나의 동네를 인증하고 이를 기반으로 신뢰의 중고거래를 가능케 하는 당근의 가치제안으로 얻은 타이틀이다. 당근은 일주일에 1,300만이 이용하는 중고거래 트래픽을 통해 지역광고를 수익공식으로 채용했다. 그런데 문제는 이 지역광고 시장이 충분히 크지 않고 이 시장에서 네이버와 경쟁을 해야 한다는 사실이다. 새로운 중국집이 동부이촌동에 개업을 하면 가장 먼저 등록하는 광고는 네이버의 지역광고일 가능성이 높기 때문이다.

그래서 당근은 2023년 지역광고가 아닌 일반광고를 올리기 시작했고 흑자전환에 성공했다. 일반광고는 우리가 인터넷에서 볼 수 있는 광고로 특정 지역에 한정되지 않는다. 당근이 하이퍼 로컬이라는 플랫폼 특징을 갖고 있다면 가장 이상적인 광고는 지역광고다. 나의 지역에 특화된 광고는 광고가 아닌 정보로 인식될 수 있기 때문이다. 하지만 지속적인 적자를 탈출할 방법을 찾는 데 실패한 당근이 선택한 것은 중고 물품을 찾고 있는 고객들에게 스팸으로 인식될 수 있는 광고를 보여주는 것이다. 가치제안과 수익공식이 약간 어긋났지만 당근은 이를 통해 시간을 벌었다고 볼 수 있다. 일단은 흑자전환에 성공했기 때문이다. 하지만 당근은 가치제안과 수익공식을 일치시키지 못했다는 평가를 피하지는 못했다.

가치제안과 수익공식은 대칭을 이루지만 또 동전의 양면처럼 일치해야 한다. 그렇지 못할 경우 비즈니스의 전체 균형이 망가지고 실현 가능성이 의심받게 된다. 2015년 배달의민족은 무료 수수료와 광고라는 수익공식의 변경을 통해 1,000만 다운로드와 추가로 10만 개의 식당이라는 양질의 공급자를 얻어냈고, 당근은 하이퍼로컬 플랫폼과 로컬 광고라는 수익공식을 통해 3조라는 가치를 인정받고 투자유치에 성공했다. 따라서 수익공식 설계에 있어 첫째 포인트는 가치제안과 일치시키는 것이다.

수익공식 증명을 위한 영업이익의 추정

수익공식이라는 표현은 마치 어떻게 수익을 내는가를 설명하는 방정식으로 들린다. 이렇듯 수익공식은 다양한 형태로 존재하지만 방정식의 마지막은 영업이익이라는 숫자로 나타난다. 그런데 수익공식은 단순히 영업이익이 어떻게 만들어지는가에만 집중하지 않는다. 이를 통해 만들어지는 이익의 크기가 어느 수준이고 그 이익이 얼마나 안정적으로 유지될 것인가에 집중한다. 즉 수익창출 방식, 시장의 크기, 시장지배력, 그리고 이익률 이 모든 것이 수익공식의 구성요소이다. 그리고 이 수익공식을 통해 최종적으로 만들어지는 숫자는 기업의 가치다. 투자자들은 수익공식을 이야기할 때 이 비즈니스 모델이 어느 수준까지 성장 가능한가에 관심을 가진다. 그래서 수익공식은 기업가치라는 아주 중요한 또 다른 질문을 위해 준비되어야 한다.

기업가치 산출에 대한 내용은 아주 초보적인 수준부터 전문적인 수준까지 다양하게 존재한다. 하지만 이 책에서는 초보적인 수준까지만 다루도록 하겠다. 일단 가장 중요한 것은 이익이 얼마나 안정적으로 창출될 것인가에 집중한다. 기업이 매년 100억의 이익을 내고 있고 이 추세가 영원히 지속된다고 가정하면 이 기업의 가치는 시장 이자율에 따라 결정된다. 매년 발생 예상되는 100억이라는 이익을 현재 가치로 환산하면 기업가치가 산출된다. 즉 이자율을 5%라 가정하면 기업가치는 2,000억으로 계산된다.* 즉 기업의 가치를 결정하는 가장 중요한 요소는 기업이 만들어내는 이익이고 여기에 기업이 가진 위험Risk과 성장Growth 가능성을 더해서 기업의 최종적인 가치가 산출되지만 여전히 가장 중요한 것은 얼마만큼의 이익을 창출할 수 있는가에 달려 있다.

사업을 처음 시작하면 기업가치는 산출이 불가능하다. 하지만 어느 정도의 영업이익을 어떻게 만들어낼 수 있는지는 분명히 주장

---

* 이 계산은 초항이 100억이고 공비가 (1/1+이자율)인 등비수열의 합으로 100억/5%로 쉽게 계산할 수 있다.

할 수 있어야 한다. 그래서 기업가치에 대한 개략적인 추정이 가능하고 이를 바탕으로 투자유치가 가능하기 때문이다. 사업 초기 엔젤 투자자나 엑셀러레이터 단계에서의 기업가치 추정은 사업계획서 페이지 수로 결정한다는 말이 있듯이 수익공식과는 큰 관련이 없다. 대개의 경우 가치제안의 매력도에 따라 결정된다. 하지만 벤처캐피털 투자 단계에 들어서면 보다 의미 있는 수익공식에 대한 고려가 필요해진다. 수익공식이 진정으로 고민되는 시점은 바로 여기서부터다. 그런데 수익공식을 설계함에 있어 세부적인 가정들 역시 큰 의미를 갖지 못한다. 예를 들어 나의 시장점유율 혹은 점유율의 성장과 같은 가정을 설득하는 것은 쉽지 않다. 일종의 주장이기 때문이다. 두 요소 모두 검증이 되지 않았기에 기업가치 결정에 가장 중요한 요소는 대상 시장의 크기다. 수익공식을 기업가치와 연결해 고민할 때 집중해야 하는 부분은 바로 대상 시장의 크기다.

대상 시장의 크기

나의 가치제안이 훌륭하면 시장은 이를 인정할 것이고 이는 비즈니스 모델 설계의 좋은 시작이다. 그런데 만약 시장의 크기가 충분히 크지 않다면 이 비즈니스 모델은 성공이라 볼 수 없다. 필자가 창업하여 운영하고 있는 쿠마상회는 생선회를 택배로 판매 배송한다. 생선회라는 신선함이 가장 중요한 상품을 24시간이 필요한 택배로 판매한다는 것은 쉽게 수긍이 가는 가치제안은 아니다. 그래서 시장으로부터 인정을 받기까지는 시간이 필요할 것이다. 하지만 한국의 생선회 소비 시장은 상당히 크다. 일 년에 1인당 평균 70킬로그램의 수산물을 소비하는 한국인에게 생선회는 무엇보다 선호되는 음식이기 때문이다. 그래서 쿠마상회의 생선회 택배 서비스는 초기 시장은 작을지 모르지만 성장하면 큰 시장이 기다리고 있는 비즈니스 모델이다.

언제부턴가 우리는 이러한 시장에 대한 크기를 말할 때 TAM, SAM, SOM이라는 표현을 사용해왔다. 왜 이 표현을 쓰기 시작했는지는 알 수 없지만 창업 생태계에서 일반적으로 사용되고 있다. 먼저 이들의 정의를 살펴보자.

TAM은 Total Addressable Market의 약자로 번역하면 전체 대상 시장이라 부를 수 있다. 현실적으로는 달성할 수 없는 목표지만 나의 비즈니스 모델이 대상으로 하는 전체 시장을 이해하고 이 비즈니스 모델의 잠재력을 표현할 때 사용된다. 일단 시장 크기를 이야기할 때 가장 기본이 되는 표현이다.

SAM은 Serviceable Available Market의 약자로 번역하면 서비스 가능 시장이다. 전체 시장 중에 서비스가 불가능한 대상을 제외하고 현실적으로 서비스가 가능한 시장으로 좁힌 것이다. 당연히 TAM보다 SAM이 작다. 지역, 규정, 제품 사양 등을 고려하여 현실적 시장을 산출해야 한다. 시장은 나의 경쟁, 즉 시장점유율의 대상이 되는 시장이다.

내가 목표로 하는 시장과 실제 얻어낼 수 있는 시장의 크기를 추정해보자

SOM은 Serviceable Obtainable Market으로 서비스가 가능한 시장 중에 내가 얻어낼 수 있는 시장을 말한다. 번역하면 획득 가능 시장이다. SAM에 나의 예상 시장점유율을 곱하면 SOM이 나온다. 나의 수익공식을 산출할 때 톱라인Top Line에 등장하는 나의 매출이 이 숫자이다.

TAM, SAM, SOM 방식의 접근이 많이 선택되는 이유는 상대적으로 결과를 얻기 쉽기 때문이다. 전체 시장이 1,000억 원이고 서비스 대상 시장이 이 중 80%인 800억 원, 그리고 나의 점유율이 10%를 감안하면 80억 원이 된다. 전체 시장과 서비스 대상 시장에 대한 가정은 공공 데이터를 사용하면 되고 유일하게 부담이 되는 나의 점유율만 설득하면 되기 때문이다. 하지만 이 방법이 가진 단점은 너무 단순하고 거칠다는 사실이다.

따라서 수익공식을 증명하기 위해서는 내가 증명해야 할 요소가 한 개보다는 많은 것이 좋다. 가장 쉽게 접근할 수 있는 방식이 TAM, SAM, SOM 방식을 시장 규모가 아닌 고객 규모에만 적용하는 것이다. 이 방식으로 매출이 아닌 고객 수를 추정하는 것이다. 위에서 설명한 시장, 즉 시장 규모가 모두 고객 수로 바뀌면 된다. 나의 고객 숫자가 산출되고 나면 여기에 목표로 삼은 고객당 매출을 적용해 매출을 추정하는 방식이다. 하지만 이를 위해서는 나의 시장점유율을 설득함과 동시에 고객당 매출액도 설득해야 한다. 즉 내가 증명해야 하는 대상이 한 개 더 늘어난 것이다. 두 개의 방법이 비슷해 보이지만 나의 가치제안이 어떤 형태로 설계되어 있는가에 따라 완전히 다르게 나타나기도 한다. 예를 들어 넷플릭스와 같이 고객당 매출 계획이 명확할 경우 후자가 더 설득력 있게 들릴 것이고 새로운 신약 개발을 앞두고 있는 제약사의 경우 전자가 더 쉽게 와닿을 것이다.

사업계획서에서 이 시장 추정 방법을 적극적으로 사용한 예가 있다면 바로 위워크이다. 위워크는 지속적으로 성장하는 자신의 비즈니스 모델의 가치를 최대한 크게 보이게 하고 싶은 욕구가 강했다. 비록 상장에도 실패하고 파산으로 귀결됐지만 위워크의 TAM, SAM, SOM을 보면 여러 가지 면에서 도움이 된다. 우선 위워크는

위워크가 제시한 추정 시장 규모

	대상 고객 수	×	고객당 매출	=	시장 크기
TAM	2.55억 명		11,700달러		3조 달러
SAM	2.55억 명		6,000달러		1.6조 달러
SOM	52.7만 명		6,000달러		???

자료: WeWork S-1, 2019, 8월에서 재구성

시장 크기의 예측은 상장을 위해 제시된 숫자이기에 갓 사업을 처음 시작하는 스타트업에 적용하는 것은 무리가 있다. 진행 중인 현재 사업의 성과가 전체 시장에서 어느 수준이고 이를 바탕으로 얼마나 큰 성장잠재력이 있는지를 보여주고 있다.

먼저 위워크의 TAM에 대한 추정은 대상 고객 수와 고객당 매출을 분리하여 산출한다. 우선 대상 고객 수는 위워크가 진출할 것으로 예상되는 모든 도시의 사무직 노동자로 가정하는데 280개 도시의 2.55억 명이다. 이는 미 통계청 기준 해당 도시 사무 노동자 숫자를 사용한 것이다. 즉 진출 예정인 280개 도시의 모든 사무 노동자를 전체 고객으로 규정한다. 그리고 인당 매출은 사무직 노동자 인당 지출되는 평균 임대비용인 1만 1,700달러를 적용해 TAM을 3조 달러로 추정한다. 위워크의 대상 시장은 진출 예정인 도시의 모

114   1부. 성공하는 비즈니스 모델 설계하기

든 사무 노동자를 위한 임대비용으로 상정한 것이다. TAM에 대한 추정은 구체적이며 공격적일수록 좋다. 여기까지 모두 공공 데이터를 사용했다.

다음은 SAM의 계산 방식이다. 그런데 서비스 가능 대상을 TAM과 동일하게 280개 도시, 2.55억 명으로 가정하고 있다. 위워크의 대상 고객은 동일하고 단지 현재 위워크의 멤버당 평균 매출 6,000달러를 적용하여 SAM을 1.6조 달러로 주장한다. 여전히 모든 사무직 노동자가 대상 시장이고 단지 위워크의 현재 멤버당 평균 매출을 기준으로 시장을 추정한 것이 달라진 것이다. 현실적으로 위워크의 서비스 적용이 불가능한 시장은 없다는 가정이다. 여기서 위워크가 대상 고객을 스타트업, 프로젝트팀과 같이 축소할 수도 있지만 2019년 당시 대기업이 전체 매출의 38%를 차지한다는 점을 들어 대상 고객 풀을 좁히지 않았다.

마지막으로 SOM을 계산하는데 현재 기준 280개 도시에서 위워크의 시장 침투율Market Penetration은 0.2%에 불과함을 강조하고 있다. 2019년 상반기 기준 멤버 숫자가 52만 7,000명이고 TAM 대상 인구는 2.55억 명이니 현재의 시장 침투율은 0.2%에 불과하다. SOM을 계산한 것이 아니라 미래의 SOM 대비 현재의 상황을 보여줌으로써 지속적인 투자로 위워크가 달성할 수 있는 시장의 잠재력이 어마어마하다는 점을 강조하고 있다. 상장을 준비하는 시점에서 자신이 가진 대상 시장에서의 낮은 점유율을 바탕으로 높은 성장

잠재력을 주장하고 있는 것이다. 역설적이지만 창의적이다. TAM과 SAM이 엄청나게 크고 위워크가 만들어놓은 브랜드 이미지와 시장 선점 효과를 통해 미래의 성장잠재력이 엄청나다는 주장을 하고 있는 것이다. 위워크의 이러한 설득 시도는 실패로 돌아갔다. 하지만 대상 시장을 설명하는 논리는 배울 점이 있어 보인다.

비즈니스 모델을 설계하는 단계에서 매출을 추정하는 것이 쉬운 일은 아니다. 하지만 내가 목표로 하는 시장의 숫자가 어느 정도인지 명확히 하는 것이 필요하다. 그 방법이 자세하고 증명해야 하는 숫자가 많아질수록 신뢰도는 높아진다. 그만큼 사업이 구체적으로 계획되고 있다는 방증이기 때문이다. 이 시점이 되면 엑셀과 같은 스프레드시트가 친해져야 한다. 친숙해지는 과정은 나의 모든 가정이 셀들 안에 녹아 있어야 하기 때문이다. 언젠가 엑셀들의 모든 셀이 방정식이 아닌 숫자로 입력된 엑셀 파일을 들고 온 대표를 만난 적이 있었다. 물론 그는 왜 그 숫자가 나왔는지에 대해 답변할 준비가 전혀 되어 있지 않았다. 단지 정부 사업에 제출하기 위해 매출 계획을 숫자로 쳐 넣었을 뿐이다. 다시 말하지만 이 단계에 수익 공식을 설계하는 것이 자신이 없다면 누군가에게 도움을 청하는 것이 필요하다.

비용 예산의 수립

매출 추정이 끝나고 나면 이제는 다시 비용으로 돌아와야 한다. 비용을 추정함에 있어서도 자세한 비용 항목들을 모두 하나하나 추정해낸다면 이 역시 좋은 평가를 받을 것이다. 재료비, 인건비, 감가상각비 등 사업의 핵심이 되는 비용 요소들을 추정할 수 있다는 것은 비즈니스의 구체성이 확보되었다는 의미이기에 투자자 입장에서는 긍정적인 평가를 내릴 수 있다. 하지만 매출의 추정과는 달리 비용의 추정은 변수가 많다. 따라서 일종의 예산 개념으로 접근하는 것이 좋다. 이는 앞에서 말한 목표 영업이익률의 개념과 맥락을 같이한다. 동일한 매출을 만들기 위해 마케팅 비용을 매출의 20%를 집행할 수도 있고 100%를 집행할 수도 있다. 하지만 그 마케팅 활동의 효과를 현재 상태에서 예측하는 것은 무척 어렵다. 인건비의 경우도 마찬가지다. 훌륭한 개발자를 뽑고 싶은 생각은 있지만 내가 정한 예산에 마음에 쏙 드는 개발자를 찾는다는 보장은 없다. 따라서 비용은 예산의 개념으로 접근하는 것이 좋다.

예산의 개념으로 접근하는 것은 추정한 매출을 만들어내기 위해 마케팅 예산, 인건비 예산, 투자비 예산을 정해놓는 것이다. 이는 내가 이 정도의 비용으로 목표 매출을 만들어내겠다는 계획이자 의지의 표현이다. 결국은 이 예산에 근거하여 영업이익률이 추정된다. 비용 계획은 예산에 근거하여 작성되고 매출이 추정되었으니 영업이익률은 자연스레 추정되는 것이다. 물론 이를 거꾸로 접근할 수도 있다. 하지만 그러한 방식은 매출의 추정에서 우리가 TAM, SAM, SOM을 곧바로 적용했을 때와 같다. 영업이익률만으로 나의 영업이익을 추정하는 것은 너무 간단하고 거칠다. 따라서 투자자에게 내가 이 사업에 대해 구체적 계획을 갖고 있다는 것을 증명하기 위해서는 비용 예산 계획을 수립하는 것이 좋다. 이 역시 조금 엉성하더라도 말이다.

조정된 이자, 세금, 상각비 차감 전 영업이익Adjusted EBITDA 의 개념

비즈니스 모델이 아주 빠른 시간 내에 유의미한 영업이익을 창출할 수 있다면 더할 나위 없이 좋다. 하지만 투자가 필요한 이유는 가치제안을 시장에 내보내기 위한 비용을 마련하기 위해서다. 따라서 영업이익이 아주 빠르게 만들어진다고 이야기하는 것은 추가적인 투자가 필요 없다고 말하는 것과 같다. 역설적이다. 투자를 유지하는 목적은 비즈니스 모델을 실현시키기 위해서고 이로 인해 수익 창출이 이뤄지는 시점이 뒤로 미뤄지는 것은 당연하다. 즉 수익이 창출됨을 증명하는 것과 투자를 유치하는 것은 어쩌면 반대 방향에 있을 수도 있다. 일반적으로 새로운 비즈니스 모델이 아주 빠른 시간 내에 영업이익을 만들어낼 수는 없지만 나의 비즈니스 모델을 매력적으로 보이게 하기 위해서는 가능한 빠른 시간 내에 영업이익 창출이 이뤄짐을 보여줄 필요가 있다. 이 경우 사용되는 방법이 바로 조정 EBITDA Adjusted EBITDA 의 개념이다.

EBITDA는 영업외 비용(이자 및 세금)과 비현금성 비용(감가상각비 및 상각비)을 제외하여 회사의 운영 성과를 측정한 것으로, 기업가치 산출에 가장 많이 사용되는 지표이다. 그런데 여기에 Adjusted, 즉 조정이 적용된 것이 중요하다. 이 글에서 자세한 회계학 강의는 하지 않겠지만 이 조정은 재무회계, 즉 회계감사의 대상이 아니라 투자자에게 나의 비즈니스 모델의 성과를 보여주기 위한 수단이다. 이를 위워크처럼 과대포장이라는 좋지 않은 방향으로 사용하는 경우도 있지만 우버처럼 모빌리티 비즈니스 그 자체의 잠재력을 설득하기 위한 도구로 사용하는 경우도 있다.

이제는 150조 원이 넘는 기업가치를 자랑하는 우버는 한때 엄청난 누적적자와 눈덩이처럼 커져가는 비용 때문에 고생했던 기업이다. 트레비스 캘러닉^{Travis Kalanick}이라는 악명 높은 CEO도 있었지만 승차 공유라는 비즈니스를 글로벌로 확장하면서 발생하는 비용을 감당하지 못했던 것이 그 당시 우버의 가장 큰 문제였다. 이때 우버는 투자자들을 설득하기 위해 조정 EBITDA를 사용했다. 우리가 이미 알고 있는 EBITDA에서 현재의 비즈니스 모델과 관련성이 적다고 판단되는 일회성 비용, 특히 비현금성 비용을 제외한 것이다. 예를 들어 주식보상비용, 부실자산 처분비용, 소송, 특허, 세무 관련 합의비용, 구조조정 등 일회성이거나 앞으로 주기적으로 나타나지 않을 비용을 제외한다. 문제는 어떤 비용을 제외할 것인가를 기업의 경영진이 결정한다는 점이다. 예를 들어 개인정보법 위반으로 낸 위약금이나 보상금 같은 것을 제외하는 것이 일반적이다.

우버는 2022년에 91억 달러라는 손실을 냈지만 조정 EBITDA

를 12억 달러 흑자로 보고했다. 여기서 우버는 실패한 해외투자 등으로 발생한 손실 등도 모두 제외했다. 우버가 현재 영위하고 있는 사업의 수익성과 이미 실패한 사업과는 관련이 없다는 주장이다. 우버의 이런 접근은 시장에 받아들여졌고 상장과 추가 자본 유치에 성공한다. 이후에 자세히 이야기하겠지만 위워크 역시 공헌이익 Contribution Margin이라는 개념으로 투자자들을 설득하려 노력했다. 이때 공헌이익이라는 개념을 만들어낸 이유는 조정 EBITDA 개념만으로도 수익공식을 입증해낼 수 없었기 때문이다.

여기서 조정 EBITA의 개념을 이야기하는 것은 수익공식을 설명함에 있어 숫자의 중요성을 말하기 위함이다. 비즈니스 모델은 일정 시간이 지난 후에 수익을 창출해야 한다. 하지만 기업은 언제나 다양한 이벤트를 통해 성장한다. 그리고 그 이벤트들이 기업의 수익을 악화시키기도 한다. 하지만 그 이벤트들이 비즈니스 모델 그 자체가 가진 수익성을 악화시키지는 못한다. 따라서 비즈니스 모델의 수익성을 증명할 때 그 비즈니스만을 위해 주기적으로 투입되는 비용만을 감안하여 수익성을 계산하는 것이 가능하다. 물론 누구나가 인정할 수 있는 수준에서 말이다.

수익공식은 단순히 돈을 버는 방식만을 이야기하지 않는다. 마지막에는 기업가치라는 가장 중요한 숫자로 연결되기 때문이다. 하지만 투자자의 고려 대상에서 맨 위로 올라가기 위해서는 어떻게 매출을 만들어낼 것인가를 구체적으로 보여줘야 한다. 이제 현재 일반적으로 인정되는 수익창출 방식들에 대해 알아보도록 하자.

수익창출 방식들

수익공식이라는 난어는 이제까지 많은 혼동을 만들어왔나. 구독이라는 단어가 등장하면서 정기 결제라는 것이 수익공식으로 오해되기도 했고, 광고·수수료와 같은 수익창출 방식들 그 자체가 수익공식으로 오인되기도 했다. 어떤 방식으로 돈을 벌 것인가와 그 비즈니스 모델이 수익창출이 가능한가는 완전히 다른 차원의 이야기이기 때문이다. 하지만 수익창출 방식들 역시 어떻게 이익을 만들어낼 것인가를 결정하기에 반드시 포함되어야 하는 구성요소인 것은 분명하다. 이 관점에서 수익창출 방식들을 살펴보자.

우리가 아는 가장 간단한 돈 버는 방법은 제품이나 서비스를 제공하고 그 대가를 받는 것이다. 너무 간단하기에 '상품·서비스 판매의 대가'로 수익을 창출하는 모델은 이해하기 어렵지 않다. 하지만 시장에서 나의 포지션이 어디인지를 결정하고 그에 맞게 가격을 결정하는 것은 매우 어렵다. 상품의 가격을 결정하는 순간 시장의 수요와 나의 경쟁력이 반응하기 때문이다. 그래서 가장 기본적인 상품 판매를 통해 매출을 얻는 수익공식은 간단하면서도 복잡하다. 이 영역은 기본적인 경제학과 경영학의 영역으로 두고 새로이 등장한 수익공식의 구성요소들에 대해 이야기해보자.

첫 번째 수익창출 방식, 광고

가장 먼저 살펴볼 수익공식은 광고이다. 구글, 페이스북 등 대표적인 플랫폼 기업들과 조선일보, JTBC 등 미디어 그룹들이 주로 쓰는 수익창출 방식이다. 무언가를 무료로 제공하고 그를 이용하는 트래픽에 광고를 보여줌으로써 수익을 창출하는 방식이다. 이 역시 우리가 너무도 잘 알고 있는 방식이다. 그런데 이 광고라는 수익창출 방식은 두 기업의 출현으로 큰 변화를 겪었다. 인터넷의 등장과 디지털 광고 시장이 성장하면서 광고라는 수익공식의 본질이 완전히 바뀌어버린 것이다. 과거로 돌아가 생각해보면 우리가 잘 알고 있는 방송사 혹은 신문사와 같은 미디어 기업들은 광고를 주 수익원으로 삼았다. 이들은 광고 영업을 통해 기업으로부터 광고를 수주했고 자신의 미디어에 광고를 노출함으로써 수익을 창출했다. 광고를 판매하는 일은 미디어 기업에 있어서 가장 중요한 일이면서도 가장 어려운 일이었다.

미디어 기업은 자신의 미디어에 자신의 콘텐츠를 제공하면서 동시에 광고를 보여준다. 종합 미디어는 모든 내용을 다루지만 경제 미디어는 경제 관련 콘텐츠를, 스포츠 미디어는 스포츠 뉴스를 다룬다. 광고의 형태에 따라 방송 중간에 15초짜리 동영상 광고를 삽입하기도 하고 신문의 곳곳에 지면광고를 넣기도 했다. 문제는 그 당시의 광고는 단방향이었다는 사실이다. 여기서 단방향은 미디어와 시청자 혹은 독자 간의 관계를 의미하기도 했지만, 광고주와 미디어 기업 간의 관계 역시 그러했다. 광고주는 미디어 기업의 광고 인벤토리*를 구입하는 구매자였고 미디어는 판매자였다. 이 장면에서 미디어 소비자는 광고라는 수익공식에서 완전히 배제되어 있었다. 소비자는 수동적으로 제공뇌는 광고를 볼 따름이었다.

미디어가 전하고자 하는 내용과 광고와는 아무런 관계도 없었고 단방향 미디어의 특성상 누군가를 대상으로 한 광고가 만들어질 수도 없었다. 그런 이유로 가장 비싼 TV 광고는 9시 뉴스나 인기 드라마 전에 편성되는 광고였다. 신문의 경우는 전면광고나 1면의 하단 광고가 제일 비싼 광고였다.

그러던 중 디지털 광고가 출현한다. 초기의 디지털 광고 역시 기존의 광고와 큰 차이를 갖지는 않았다. 그만큼 충분히 많은 광고 물량이 디지털 매체에 제공되지 못했기 때문일 수도 있지만 포털이라는 대표적인 매체가 채용했던 디스플레이 광고(배너 광고)가 단방향이었고 대개의 경우 갖고 있는 인벤토리를 판매하는 데 집중했기 때문이다.** 포털의 메인 페이지에서 볼 수 있는 한 개의 광고가 보여

---

* 광고를 게재할 수 있는 공간을 인벤토리라 부른다. 방송의 경우 프로그램의 앞과 뒤가 인벤토리이고 신문의 경우 지면의 하단 혹은 전면을 광고 인벤토리로 사용하기도 한다.
** 포털의 광고 인벤토리는 배너 광고가 위치하는 공간을 의미하며 주목도가 높은 메인 페이지 중앙, 좌우가 가장 좋은 장소였다.

주는 시간이 10초라면, 24시간 동안 8,640번이라는 광고 인벤토리가 있기에 포털 광고팀의 목표는 그 인벤토리를 모두 판매하는 것이었다.

이 당시 디지털 광고의 시장 규모는 기존 광고 시장 대비 미미한 수준이었고 새로이 등장한 광고 매체를 테스트하는 정도로 미디어 믹스에 포함되었다. 필자가 대기업에서 광고를 집행하던 2008년까지만 해도 디지털 광고의 비중은 구색에 불과했다. 그런데 두 개의 기업이 광고 시장에 등장하면서 광고 시장의 지형은 완전히 바뀌게 된다. 바로 구글과 페이스북(메타 플랫폼즈)의 등장이다. 이 두 기업의 등장으로 검색을 기반으로 한 지식과 정보, 사회관계망이라는 영역이 완전히 디지털로 변화되었지만 동시에 광고라는 영역에서 디지털 비중도 급격하게 증가하기 시작한다.

2023년 전 세계 광고 시장 규모는 6,676억 달러 수준으로 예상되며 이 중 68.9%가 디지털 광고이다. 이 광고 시장은 지속적으로 성장하고 있는데 그 이유는 인터넷 사용의 증가, 모바일 디바이스의 보편화, 그리고 디지털 광고 시장의 효율 증대에 기인한다. 여기에 구글과 페이스북 두 기업이 전체 디지털 광고 시장의 반 이상을 차지하고 있으니 전체 광고 시장의 35%가량을 두 기업이 점유하고 있는 것이다. 이 두 개 기업이 광고 시장을 어떻게 바꿔냈는지를 이해하는 것은 광고라는 수익공식을 이해하는 데 있어서 무엇보다 중요하다.

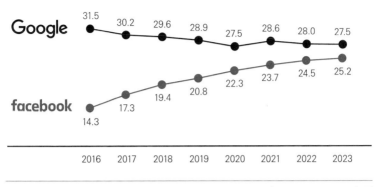

구글과 페이스북의 디지털 광고 시장점유율

자료: eMarketer, 2021년 3월

무엇이 이러한 변화를 만들어냈을까? 여기서 우리는 두 개의 단어를 기억해야 한다. 바로 콘텐츠 관련성과 개인화 타깃팅이다. 콘텐츠 관련성은 미디어가 보여주는 콘텐츠와 광고가 일정 수준 이상의 관련성related 을 갖는다는 의미이고 개인화 타깃팅은 광고가 콘텐츠를 소비하는 대상에 맞게 제공customized 되는 것을 의미한다. 이 두 개념을 구글과 페이스북이 각기 다른 방향에서 해법을 제시하면서 디지털 광고 시장을 성장시켰다.

콘텐츠 관련성은 미디어가 가진 콘텐츠와 광고가 얼마나 유사한가를 의미한다. 이 두 가지가 서로 너무 다르면 소비자들은 부담감, 거부감을 느끼게 된다. 즉 광고의 효율성이 떨어지게 된다. 누구도 보기 싫은 광고를 좋아하지는 않는다. 하지만 콘텐츠와 광고가 일정 수준 이상의 관련성을 갖는다면 광고는 거부감이 적은 콘텐츠로 인식되기도 한다.

물론 가장 이상적인 결과는 광고를 정보로 생각하는 것이다. 아직도 광고 시장이 성장하고 있는 마지막 이유가 디지털 광고의 효율 증대라는 것이 이 사실을 증명한다. 광고라는 시장은 콘텐츠 관련성이 증가하면서 점점 더 훌륭한 마케팅 수단으로 자리 잡고 있는 것이다.

콘텐츠 관련성과 더불어 광고의 효율을 제고시키는 또 하나의 요소는 개인화 타깃팅이다. 구글이 콘텐츠와 광고를 연결시켰다면, 페이스북은 광고와 사용자를 연결시켰다. SNS 기반 미디어라는 페이스북의 비즈니스 모델은 엄청난 개인 데이터를 수집한다. 한 달 동안만 나의 SNS 활동을 관찰하면 내가 무엇을 좋아하는지를 알아내는 것은 전혀 어렵지 않다. 페이스북은 이 데이터를 바탕으로 나에게 보여줄 광고를 준비한다. 와인, 자전거, 여행, 미식 등 내가 좋아할 만한 단어에 연관된 광고만이 나의 광고창에 공급된다. 광고의 효율이 올라가는 것은 당연하다.

두 개의 기업이 이 두 가지 키워드를 가지고 광고를 한 차원 높은 수익공식으로 만드는 데 가장 중요한 것은 트래픽의 규모였다. 구글에서는 하루에 85억 번의 검색 시도가 이뤄지고 페이스북에는 하루에 30억 명이 방문한다. 사용자가 수십억 명이기에 콘텐츠 연관성과 개인화 타깃팅이 이뤄지기 위해 충분한 광고가 이 두 기업에 공급되는 것이다. 광고의 효율이 증대되기 위해서는 사용자도 많아야 하고 광고도 많아야 한다. 그래야 광고가 거부감이 덜한 정보가 될 수 있는 것이다. 따라서 광고라는 수익창출 방식을 고민할 때는 이제는 무작정 트래픽만 늘리면 된다는 생각에서 벗어나야 한다. 광고 타깃팅에 적합할 만큼 나의 트래픽의 품질이 좋아야 한다. 선정적이고 자극적인 콘텐츠로 만들어진 트래픽은 일시적으로 광고라는 수익창출을 가능하게 할 수는 있지만 비즈니스 모델의 수익 공식은 될 수 없다.

두 번째 수익창출 방식, 수수료

수수료의 사전상의 정의는 국가나 공공 단체 또는 그 기관이 남을 위하여 행하는 공적 역무公的役務에 대하여 그 보상으로 징수하는 요금이다. 하지만 이제는 그 주체가 사적 영역으로 이미 많이 넘어왔기에 공적인 의미에서보다는 사적인 의미로 많이 사용된다. 굳이 정의를 내린다면 중개, 연결의 대가로 받는 수익이라 할 수 있다. 그런데 우리는 어디에서 이 수수료라는 단어를 가장 자주 보고 있을까?

바로 플랫폼이다. 거의 모든 상거래가 이뤄지는 플랫폼에서는 수수료라는 표현을 사용한다. 쿠팡, 11번가, 배달의민족, 카카오택시 등이 그러하다. 연결하고 중개하는 노력의 정도에 따라 수수료 비율이 정해지기도 하고 서비스를 제공받는 사업자와의 합의를 통해 조정되기도 한다. 예를 들어 카카오모빌리티는 2024년 6월 카카오택시의 수수료율을 2.8%로 하향 조정했다. 카카오가 너무 많은 수수료를 가져간다는 비판에 대응하기 위한 노력이다. 쿠팡이나 11번가와 같은 상거래 플랫폼들은 상품 카테고리에 따라 다른 수수료율을 적용하는데 상품의 판매량과 판매자가 많은 경우 일반적으로 낮고 그렇지 않은 경우 높다.

그런데 수수료는 너무 일반적으로 쓰이면서 혼동을 만들고 있다. 위에서 예로 든 카카오 모빌리티의 택시 호출 수수료는 2.8%이다. 택시 탑승 요금의 2.8%를 수수료로 가져간다. 그런데 이 탑승에서 카카오 모빌리티는 승객으로부터 약 3,000원에 해당하는 호출료를 승객으로부터 받는다. 택시 요금에 상관없이 발생하는 호출 서비스 사용료이다. 양면시장을 연결시키면서 한쪽에서는 수수료, 한쪽에서는 사용료를 받고 있는 것이다.

배민의 경우는 조금 더 복잡하다. 먼저 주문중개의 대가로 받는 수수료는 음식값의 9.8%이다. 여기에 카드 결제 수수료가 추가되니 대략 2~3%가 추가된다. 하지만 여기에 배달비를 일부 식당이 부담하도록 설계되어 주문당 3,000원의 배달비를 배민이 식당으로부터 받아간다. 이는 수수료가 아니라 배달 서비스 이용료이다. 배달을 배민이 직접 대행하면서 배달 서비스 대가를 이용료로 받아가는 것이다. 배민이 시장에서 30%라는 높은 수수료로 폭리를 취한다는 오해를 받는 것은 자신의 수익창출 방식을 제대로 홍보하지 않은 탓이 크다. 물론 9.8%라는 수수료가 절대적으로 큰 까닭도 있다.*

쿠팡으로 넘어가면 더 복잡해진다. 먼저 쿠팡은 91.5%를 직사입 형태, 즉 쿠팡이 매입하여 판매하는 형태로 운영한다. 즉 일반적으로 유통업체가 상품을 사입하여 판매하는 방식과 동일하다. 따라서 쿠팡의 경우는 오픈마켓 방식인 나머지 8.5%의 거래만이 수수료 부과 대상이다. 그런데 쿠팡은 셀러들에게 풀필먼트를 대행해주는 서비스를 제공한다. 과거에는 이름이 제트배송이었는데 현재는 쿠팡 로켓그로스로 바뀌었다. 이 경우 전체 상품 판매가의 25~40%를 셀러로부터 받았다. 하지만 쿠팡은 현명하게도 입출고 요금, 배송비, 보관요금은 이용료로 별도로 분리 청구하고 수수료 수준은 4~10.9%로 설정하였다.

수수료는 양면시장 사이에서 무언가를 중개하고 받는 대가이다. 따라서 그 중개의 역할이 크지 않으면 당연히 불만의 대상이 된다. 따라서 수수료 수준을 설정함에 있어 오해의 소지가 있는 부분들을 배제하는 것이 현재의 추세이다.

수수료는 플랫폼 비즈니스 모델에서 가장 쉽게 볼 수 있는 형태이고 가치사슬 방식에서는 볼 수가 없다. 복수의 시장이 존재하고 그들 사이에서 가치 창출이 이뤄졌을 때 그 대가로 받는 것이 수수

---

* 이 수수료율 수준은 2024년 11월 상생협의체를 통해 2025년부터 2~7.8%로 차등 조정하기로 잠정 결정되었다.

료이기 때문이다. 수수료가 일반적으로 적용되는 영역은 시장 플랫폼이다. 시장 플랫폼에는 판매자와 구매자가 있고 플랫폼은 이 두 시장이 만날 수 있도록 장소와 도구를 제공한다.

수수료라는 수익공식은 아주 오랜 역사를 갖고 있다. 하지만 그 의미와 역할이 중요해진 것은 플랫폼의 등장이 본격화된 이후이다. 그런데 이제는 이 수수료라는 모델이 점차 자리를 잃어가고 있다. 바로 오픈마켓이라는 단순히 연결만을 도와주는 플랫폼의 형태가 힘을 잃어가기 때문이다. 소비자는 단순한 연결보다는 신뢰할 수 있는 플랫폼이 거래의 전 과정을 책임져 주기를 기대하기 때문이다. 하지만 수수료는 플랫폼 비즈니스 모델에 있어 가장 손쉽게 접근할 수 있는 수익창출 방식이기에 가장 먼저 고려해야 하는 옵션이다.

세 번째 수익창출 방식, 사용료

세 번째 수익창출 방식은 사용료이다. 플랫폼 비즈니스 모델이든 가치사슬 모델이든 무언가 서비스를 제공하고 그 대가로 받는 사용료라는 방식은 가장 보편적인 가치 대가 방식과 유사해 보인다. 하지만 사용료라는 수익공식이 제조업에 적용되는 순간 그 의미가 커진다. 바로 기존 제조기업들의 비즈니스 모델의 혁신은 기존의 단순한 상품 혹은 서비스 판매라는 수익창출 방식에서 사용료로 변화하면서 이뤄졌기 때문이다.

우리는 이를 서비타이제이션Servitization이라 부른다. 제조기업들이 기존의 제조에서 서비스로 업태를 바꾸는 사업 방식을 의미한다. 항공기를 만들어 판매하는 것보다 만들어 빌려주는 방식으로 사업 방식, 비즈니스 모델이 변경되는 것을 말한다. 제조업의 마진이 낮아지고 리스크가 커지면서 고객과의 관계를 보다 밀접하게 하려는 전략이다. 기존의 제조 및 판매라는 일회성 관계에서 장기적 관계로의 변화 시도로 생각할 수 있다.

우리에겐 최고급 차량 제조사로 알려져 있는 롤스로이스는 항공기 엔진 제작으로 더 유명하다. 기존의 비즈니스 모델은 항공 엔진을 제작해 항공 운항사에게 판매하는 것이었다. 물론 이후 엔진의 정비maintenance는 부가적인 수익원이다. 엔진에 문제가 발생해도 그 모든 비용은 항공 운항사의 몫이었다. 일반적인 제조 후 판매, 그리고 사후 서비스라는 공식을 적용했다. 그런 롤스로이스가 변화를 선택한 것이다.

롤스로이스는 업계 최초로 성과 기준 가격Outcome Based Pricing을 도입한다. 즉 항공기가 운항하는 시간에 비례하여 엔진 사용 대금을 받는 방식이다. 롤스로이스의 엔진 관리 시스템의 최적화와 엔진 전문가의 지속적인 모니터링은 엔진 수명의 연장 및 수익 확대로 연결되었고 더불어 고객의 만족도도 상승하는 결과를 얻었다. 비즈니스 모델을 혁신함으로써 경쟁력을 올려낸 대표적인 성공적 사례이다. 그런데 여기서 롤스로이스가 선택한 변화는 바로 수익창출 방식의 변화이다. 즉 엔진을 판매하는 것이 아니라 대여하고 빌려주는 방식으로 변화한 것이다. 물론 엔진의 회계상 소유권을 누가 갖고 있느냐는 별로 중요하지 않다. 과거에는 판매자와 구매자가 서로 상반된 이해를 가졌던 엔진의 수명이 이제는 모두가 동일한 방향으로 생각하기 시작한 것이다. 엔진을 오래 쓸수록 더 많은 사용료를 받을 수 있게 변화되었기 때문이다.

단순 판매에서 사용료로의 변화는 넷플릭스를 중심으로 콘텐츠 산업에서 가장 많이 나타난다. 넷플릭스가 만들어놓은 새로운 콘텐츠 소비 방식은 이제 거의 모든 콘텐츠 영역에서 골든룰이 되어가고 있기 때문이다. 영상 서비스는 넷플릭스를 시작으로 디즈니, HBO, 워너브라더스, NBC 등 거의 모든 콘텐츠 제작사들이 스트리밍이라는 변화를 선택했고, 음악의 경우도 스포티파이를 중심으로 거의 모든 서비스들이 사용료로 전환되었다. 게임이나 웹툰과 같은 영역에서도 사용료 방식이 시도되고 있는 것은 사용자들이 더 이상 콘텐츠 단위 소비를 원치 않기 때문이다.

사용료라는 수익창출 방식은 플랫폼이라는 비즈니스 모델에서는 가장 최종적으로 나타나는 형태이다. 광고를 주 수익원으로 삼는 광장 플랫폼, 수수료가 중심인 시장 플랫폼에 이어서 사용료를 수익공식으로 삼는 인프라 플랫폼들이 속속 등장하고 있기 때문이다. 가장 대표적인 예가 아마존이다. 아마존은 가장 대표적인 시장 플랫폼으로 아마존닷컴을 통해 판매자와 구매자를 연결시키고 수수료 수익을 얻는다. 그런데 이 아마존이 자신의 현재 위치를 만들었던 도구들을 경쟁자에게 개방하면서 인프라 플랫폼으로 진화하고 있다. 바로 FBA_{Fulfillment by Amazon}(아마존의 풀필먼트 대행 서비스)와 아마존 프라임_{Amazon Prime}이 그것이다. 이제는 아마존의 가장 큰 경쟁자로 불리는 쇼피파이_{Shopify}도 아마존의 물류 시스템과 멤버십 프로그램을 활용할 수 있게 개방한 것이다. 물론 이를 통해 아마존은 사용료를 받는다.

수수료라는 수익창출 방식은 본질적으로 거부감을 갖고 있다. 우리가 부동산 중개 수수료를 대하는 심정을 생각해보면 된다. 그런데 사용료는 그 수준이 적정하다면 큰 반감을 갖지 않는다. 차라리 내가 상점을 운영할 수 있게 도와준다는 인식을 가질 수도 있다. 동일한 하나의 상품을 팔았을 때 쿠팡이 수수료로 가져가는 최소한이 15%이다. 반면 네이버의 스마트스토어는 검색을 통해 판매되면 2%, 네이버페이를 사용하면 2%, 라이브 쇼핑을 통해 판매되면 3% 이렇게 나누어 수수료를 부과하고 있다. 명칭은 수수료인데 마치 사용료처럼 느껴진다. 사용료라는 수익창출 방식은 반감이 적기에 수수료지만 소비자의 인식상에서는 사용료로 포지션하려 하는 것이다. 배달의민족이 주문중개 수수료에 이어서 배달 서비스 사용료로 수익창출 방식을 확장하는 것도 동일한 이유이다. 전국 단위의 배달 서비스라는 인프라를 완성하고 나면 배달의민족의 수익공식은 엄청난 안정성을 확보할 것이기 때문이다.

비즈니스 모델의 핵심인 수익공식에서 사용되는 수익창출 수단의 대부분은 아마도 상품이나 서비스의 판매를 통한 대가를 받는 것이다. 여기에 추가적으로 등장한 방식이 광고, 수수료, 그리고 사용료이다. 이 수익창출 방식들이 가치제안과 잘 어울릴 때 비즈니스 모델은 보다 현실적으로 보이게 된다. 마지막으로 다시 한번 강조하지만 수익창출 방식이 수익공식의 전부가 아님을 기억해야 한다.

수익공식은 가치제안과 더불어 비즈니스 모델을 설계하는 데 핵심적인 요소이다. 반드시 기억해야 하는 것은 수익공식의 목적이 비즈니스 모델이 유의미한 규모의 영업이익을 창출할 수 있음을 증명하는 것이라는 사실이다.

고객관계

이제 다시 잠시 비즈니스 모델 캔버스로 돌아가 보자. 그림을 보면 가치제안 오른쪽에 두 가지 요소가 보인다. 첫 번째는 고객 세그먼트이고 두 번째는 고객 채널이다. 나의 고객이 누구인지 정의하고 그에 맞는 유통망을 설계하는 것을 말한다. 아주 고전적인 접근이고 경영학, 특히 마케팅 책에서 볼 수 있는 이론이다. 이러한 맥락에서 우리가 과거에 알아야 했던 접근 방식이 바로 STP다. STP는 Segmentation, Targeting, Positioning의 약자로 시장을 세그먼트, 즉 나눈 후에 나의 타깃을 정하고 그 타깃을 대상으로 나의 상품 포지션을 정하는 것을 의미한다.

이런 고전적인 방식은 골든 원칙으로 마케팅 세상을 지배해왔다. 그런데 의외로 많은 것들이 변화했고 이제는 더 이상 이런 접근이 잘 맞지 않는 세상이 되어버렸다. 세그먼트, 즉 고객군을 나누었던 이유는 타깃팅이 목적이었다. 다시 말해 모든 고객을 대상으로 마케팅 비용을 집행하는 것이 비효율적이기에 시장을 나누어 집중했던 것이다. 즉 모든 사고의 시작점이 공급자이고 공급자적 시각에서 시장과 고객을 바라보았던 것이다. 물론 고객의 생각을 듣거나 읽어내는 과정은 모두 생략된 접근법이다.

그런데 모바일과 인터넷의 등장으로 만들어진 가장 큰 변화는 고객과의 거리가 가까워지고 이해가 쉬워진 것이다. 이제는 나의 상품을 구매하고 사용하는 고객이 누구인지 쉽게 알 수 있고 그들의 의견을 청취할 수 있다. 설문조사와 같은 엉성한 방식으로 고객의 요구를 듣는 것이 아니라 직접 고객의 소리를 들을 수 있는 세상이 된 것이다. 물론 상품을 설계함에 있어 나의 타깃 고객이 누구인지를 고민해야 하는 것은 당연하다. 하지만 이 고민은 가치제안을 설계할 때 이미 끝나 있어야 한다. 고객의 니즈와 시장의 아픔을 고민하는데 나의 대상 고객이 누구인지 정하지 않는다는 것은 말이 안되기 때문이다. 따라서 가치제안이 완성된 시점에서 고객에 대한 고민을 한다는 것은 고객과 어떤 관계를 맺을 것인가를 결정하는 일이 남은 것이다. 이 관계 설정은 단순히 유통망을 설계하는 것과는 다르다.

고객과 어떤 관계를 맺을 것인가의 결과물은 이제 대개의 경우

1부. 성공하는 비즈니스 모델 설계하기

모바일 애플리케이션으로 나타난다. 모든 고객이 스마트폰을 들고 있는 상황에서 이 대세를 거스르는 것은 현명하지 못하다. 모바일 앱을 통해 고객 관리가 이뤄지고 커뮤니케이션이 시작되고 멤버십이 운영된다. 물론 상품과 서비스를 판매하는 것은 기본이다. 따라서 비즈니스 모델을 설계하면서 나의 고객과의 최전선인 모바일 앱을 어떻게 설계할지를 결정하는 것은 반드시 필요한 일이 되었다.

결국 모바일 애플리케이션의 역할을 어떻게 설계할 것인가가 고객관계라는 비즈니스 모델의 마지막 블록을 설계하는 일이다. 모바일 앱의 역할을 어디까지 설계할 것인가는 나와 고객의 관계를 어떻게 규정할 것인가와 거의 같다. 단순한 연결과 정보 제공하는 수준이 있고 애플리케이션에서 거래가 가능하게 할 수도 있다. 정기 구매와 같은 계약이 가능하게 설계할 수도 있고 이 애플리케이션이 일종의 커뮤니티로서 역할을 할 수도 있다. 나의 비즈니스에서 고객과의 관계를 결정하는 것은 사업 전략이기 이전에 비즈니스 모델 그 자체일 수 있다.

최근에 벌어진 CJ와 쿠팡 간의 햇반 전쟁을 살펴보면 명확하다. 햇반의 공급을 둘러싸고 두 기업은 1년 8개월 동안 분쟁을 이어오다 2024년 8월 극적으로 합의한다. 그런데 여기서 CJ의 생각이 궁금하다. 햇반, 비비고 등을 비롯한 다수의 스타 상품을 가진 CJ는 쿠팡의 가격 인하와 물량 보장이라는 요구에 응하고 싶지 않았다. 하지만 스스로가 고객과 직접 만나는 시도를 하는 것이 너무 무모하다고 판단했기에 쿠팡의 평화적 합의 요구를 받아들인 것으로 보인다. CJ의 제품들은 좋은 가치제안과 명확한 타깃 고객군을 갖고 있지만 CJ는 그 고객과 직접 관계 맺는 것을 포기하고 자신의 비즈니스 모델을 상품의 제조라는 영역에 한정한 것이다.

이 사건의 핵심은 CJ의 선택이 옳고 그름을 이야기하는 것이 아니라 비즈니스 모델을 설계함에 있어 고객관계에 대한 선택의 중요성에 있다. 언제나 고객과 직접 만나는 것만이 최선책은 아니기 때문이다. CJ가 가진 소수의 상품만으로 자체 채널을 만드는 것은 무모하다는 판단을 갖고 있었기에 CJ는 쿠팡의 휴전 제안을 기다리고 있었을 것이다. 물론 CJ는 자체 앱이나 자체 유통 채널을 통해 자신의 상품을 판매하기도 한다. 하지만 쿠팡과의 휴전은 자신만의 채널을 통한 판매가 한계가 있음을 고백한 일이며 쿠팡과 같은 대형 간접망에 의존하는 것은 대부분의 고객 접점을 포기하는 것과 같다.

고객을 둘러싼 환경의 변화와 새로운 방향성

인터넷과 모바일이 보편화되기 전에 대부분의 고객은 오프라인 유통망을 통해 상품을 판매했다. 롯데백화점, 이마트, 하이마트와 같은 유통망을 거치지 않고 고객을 만나는 것이 어려웠기에 유통

1부. 성공하는 비즈니스 모델 설계하기

망의 중요성이 강조되어왔다. 그런데 상황이 변하기 시작했다. 유통망들을 거치지 않고 고객을 직접 만날 수 있는 환경이 만들어진 것이다.

바로 인터넷과 모바일이라는 새로운 유통망이 생기면서 고객을 만나는 장면이 크게 변해버린 것이다. 자신의 인터넷 사이트나 모바일 앱으로 자신의 유통 채널을 설계하는 기업이 늘어나기 시작했다. 쿠팡과 같은 오픈마켓 사업자가 아닌 자신의 모바일 직영망을 통해 고객을 직접 관리하는 기업이 늘어나기 시작한 것이다. 아울러 네이버와 같은 플랫폼들은 스마트스토어와 같은 인프라를 제공함으로써 누구나 쉽게 자신의 직영 스토어를 열 수 있게 돕기 시작했다. 즉 이제는 고객을 만나는 것 그 자체는 큰 문제가 되지 않는다. 그리고 만나는 것 자체가 쉬워졌다는 것은 이전과는 다른 차원의 고객을 둔 경쟁이 시작되었음을 의미한다. 따라서 비즈니스 모델의 설계에 있어서 고객관계의 설계는 단순한 만남을 위한 채널을 설계하는 것이 아니라 내가 지향하는 고객과의 관계를 설계하는 것이다. 이제 진정한 문제는 확보된 고객을 어떻게 유지, 관리할 것인가의 이슈로 발전되고 있다. 하지만 비즈니스 모델 설계에 포함될 정도로 중요한critical 요소인지에 대해서는 의심이 들지만 그 중요성은 이미 걷잡을 수 없을 정도로 커지고 있다. 몇 가지 사례를 찾아보자.

쿠팡은 2024년 4월 로켓와우 멤버십 비용을 월 4,990원에서

7,890원으로 58.1% 인상한다고 발표했다. 한창 알리바바와 테무의 중국발 공습이 시작되는 시점에 쿠팡은 왜 이런 무리수를 두었을까? 혹자는 이를 통해 얻게 되는 연간 4,000억 원 수준의 추가 수익 때문이라고 하지만 본질은 다른 곳에 있다. 이는 쿠팡이 자신의 고객과의 관계를 한 단계 상승시키려는 노력으로 보아야 한다. 쿠팡의 전자상거래와 쿠팡 플레이라는 콘텐츠 서비스에 음식 배달 서비스인 쿠팡이츠를 결합시키면서 고객과의 관계를 보다 밀접하게 하려는 시도이다. 로켓와우 멤버십 비용을 한순간에 58%나 인상하는 것은 고객에게 한 차원 높은 관계로의 개선을 요구하는 신호로 해석해야 한다. 고객에게 보다 큰 부담을 요구하면서 관계를 강화하는 것이다. 서로가 주고받는 것이 많아진다는 것은 그만큼 관계가 깊어짐을 의미한다.

왜 테슬라는 로보택시의 등장을 기점으로 자동차 제조업에서 플랫폼 사업자로의 전환을 선언했을까? 이 역시도 제조업이라는 기존의 사업 모델로는 추가적인 성장이 제한된다는 점을 인식한 것이다. 테슬라의 고객은 상대적으로 타 자동차 제조기업보다는 보다 강하게 연결되어 있지만 여전히 연결 그 이상이 될 수 없다는 것을 테슬라는 잘 알기 때문이다. 그래서 자율주행이라는 기술이 본격적으로 적용되는 시대에는 고객관계를 다르게 가져가겠다는 선언을 한 것이다.

스포츠 용품의 가장 대표적인 브랜드 나이키는 기존에 가져왔던 유통 구조를 간접망에서 직접망으로 전환시키는 변화를 선택했다. 이를 다이렉트 비율(전체 매출에서 직접 판매 매출이 차지하는 비율)이라 정의하고 이를 관리해오고 있는데 이 수치는 2018년 30.2%에서 2024년 44%까지 성장했다. 가장 전형적인 소비재 기업이 과거의 유통망 존재를 거부하고 이제 직접 고객과 관계 맺기를 시도하고 있는 것이다. 과거와 달리 이제는 수많은 작은 브랜드들이 시장에 등장해 SNS를 통해 존재를 알리고 있고 그 제조의 원천은 나이키와 크게 다르지 않다. 나이키가 그동안 강점으로 유지해왔던 브랜드 인지도와 디자인이라는 요소는 변화된 환경에서 큰 역할을 하지 못하고 있는 것이다. 그래서 나이키는 이제 나의 고객이 누구인지 알아야 하고 그들이 원하는 바를 이해해야 하기에 고객관계를 변화시키려 하고 있는 것이다.

고객관계를 설계하는 것은 비즈니스 모델 설계에 있어 핵심으로 등장하고 있다. 이 책에서는 고객관계를 3단계로 나누어 구분하고자 한다.

고객관계의 3단계

첫 번째 고객관계, 연결

SNS가 일반화되면서 거의 모든 기업이 SNS를 통해 고객과 관계 맺기를 하고 있다. 비록 이 관계를 통해 아무런 상호작용도 일어나지 않는다 하더라도 SNS를 통해 자신의 소식을 알리는 노력을 하고 있다. 이는 블로그, 유튜브 등 다양한 방식으로 이뤄진다. 따라서 이제는 고객과 완전히 단절된 기업을 찾는 것은 불가능하다. 따라서 가장 기본적인 고객관계를 '연결'이라 할 수 있다. 비즈니스 모델이 제조에 집중해 있으므로 최종 소비자와의 커뮤니케이션이 거의 없는 경우를 의미한다. 하지만 의외로 이러한 고객관계를 가진 기업이 다수 존재한다. 예를 들어 농심, 동원과 같은 많은 소비재 기업은 고객과 전혀 관계를 맺고 있지 않았다. 대부분의 판매가 총판을 통해 이뤄졌고 농심이 고객과 직접 소통하는 경우는 거의 없었다. 물론 최근 농심mall 등을 통해 변화를 추구하고 있지만 여전히 매출의 대부분은 간접 유통망을 통해 이뤄진다. 이러한 고객관계를 우리는 '연결'이라 부른다.

연결이라는 고객관계는 아주 약한 연결에서 아주 강한 연결까지 다양하게 나타날 수 있다. 하지만 이는 고객과의 관계를 적극적으로 개발하겠다는 생각이 아닌 최소한의 연결을 추구한다고 이해하면 된다. 즉 나의 비즈니스에서 고객은 나의 상품을 구매해주는 대상이고 고객에 대해 보다 많은 정보 확보를 통해 나의 비즈니스를 변화시키려는 노력은 제한된다. 단지 고객에게 최대한 많은 정보를 제공하려 노력할 뿐이다.

두 번째 고객관계, 이해

두 번째 고객관계는 '이해'의 관계이다. 연결이 된 상태에서 우리는 수많은 고객 정보를 확보할 수 있다. 물론 정보를 확보하기 위해서는 다양한 활동이 필요하고 자원의 투입이 필요하다. 하지만 고객 정보는 나의 사업에 있어서 핵심 자산일 수 있으므로 이러한 투자는 미래 비즈니스에 핵심이 될 수 있다. 이러한 의미에서 고객관계를 이해 수준으로 설정하는 것은 단순한 연결과는 다른 차원의 준비, 즉 고객 정보를 확보하기 위한 서비스가 필요하다. 단순해 보이지만 어떤 정보를 모을 것인지를 결정하는 것도 쉬운 일은 아니다.

가장 대표적인 예가 개인화된 서비스 제공이다. 개별 고객에 대한 정보를 갖고 있기에 고객별로 차별화된 서비스 제공이 가능해진다. 이러한 단계로 진화하는 것 역시 인터넷과 모바일이라는 새로운 기술의 등장으로 가능했다. 과거에는 접근하기 어려웠던 고객 정보를 너무도 쉽게 얻어낼 수 있기 때문이다. 상거래 관점에서 이를 설명하면 우리는 고객이 첫 방문 고객인지, 구매 경험을 가진 고객인지, 단골 고객인지 고객이 나의 사이트를 방문하는 순간 알 수 있다. 이 정보를 바탕으로 첫 구매 할인 쿠폰, 재구매 할인 쿠폰, VIP 할인 쿠폰을 발급할 수 있다.

이러한 기업이 별도로 개발한 애플리케이션이라 하더라도 솔루션 구매를 통해 제공이 가능하고 네이버나 쿠팡을 사용한다면 이제 탑재된 기능을 이용하면 된다. 이러한 프로모션을 통해 우리의 고객과의 관계는 지속적으로 가까워진다. 우리는 이 과정을 이해의 과정이라 부른다. 고객관계를 이해 단계로 설계한다는 것은 이런 맥락에서 한 차원 높은 서비스를 제공하는 것이고 이를 위해서는 역시 그에 적합한 투자가 요구됨을 의미한다. 아무리 좋은 도구가 있어도 이를 활용하기 위해서는 투자가 필요하기 때문이다.

구글은 크롬이라는 브라우저를 통해 모바일과 PC 모두에서의 그 검색 대상이 누구인지를 확실히 알고 검색 서비스를 제공한다. 이는 브라우저 로그인이라는 기능을 통해 메일, 검색, 드라이브, 유튜브 등에서 모두 개인화된 서비스를 제공하기 때문이다. 즉 모바일과 PC에서 구글은 자신의 고객에게 개인화customized된 서비스를 제공하고 있는 것이고 그 이유는 충분한 고객 정보에 기반한다. 물론 구글의 첫 시작이 이러했던 것은 아니다. 네이버와 마찬가지로 검색이라는 서비스는 로그인이 필요하지 않았고, 그래서 초기 구글은 고객과 연결되어 있지 않았다. 이 관점에서 보면 과거 검색 사업에 있어 구글은 고객과 가깝지 않았다. 반면 현재 구글의 고객과의 관계는 더 이상 가까워질 수 없는 수준까지 발전했다.

하지만 구글이 처음부터 자신의 검색 사업을 설계하면서 고객관계를 '이해'로 설계하지는 않았다는 점을 기억해야 한다. 검색이라는 사업 하나만이 존재하는 상황에서 모든 고객이 로그인 후 자신의 정보를 제공한 상태에서 검색하기를 바랐다면 2년 만에 검색 시장을 점령하지 못했을 것이다. 고객과의 관계를 포기하고 검색 서비스의 시장지배력을 확보한 후 구글은 안드로이드라는 모바일 플랫폼과 유튜브의 인수, 지메일, 드라이브 등 다양한 애플리케이션의 제공을 통해 자연스레 고객과의 관계를 만들 수 있었다.

세 번째 고객관계, 신뢰

파타고니아는 지구가 자신의 주주라고 주장한다. 상품을 제조, 판매함에 있어서 친환경적인 요소를 강조하면서 고품질, 고가격을 유지한다. 그래서 파타고니아는 모든 유통 채널을 직접 관리한다. 브랜드 이미지 관리에 집중하고 상품, 유통망, 마케팅의 모든 요소를 자신이 지향하는 가치와 일치시키려 노력한다. 파타고니아가 타깃으로 삼는 고객은 이러한 가치를 이해하고 동의하는 지구인이고 기업, 상품과 고객과의 관계는 '신뢰'로 연결되어 있다. 이러한 파타고니아의 행위를 무엇이라 정의해야 할까? 혹자는 이를 마케팅 전략이라 말할 것이다. 하지만 이를 신뢰 기반의 고객관계로 규정하는 것이 적절할 것이다. 파타고니아는 산악용 의류 등을 제조하여 판매하지만 경쟁 기업 대비 고객과의 관계를 다르게 설계한 것이다. 바로 고객과 신뢰 관계를 구축한 것이다.

필자는 한번 구입한 옷을 오랫동안 입는 편이다. 그런데 예를 들어 휴가를 준비하면서 뭔가 새로운 옷을 구매하고 싶다는 생각이 들면 파타고니아를 떠올리고 매장을 방문한다. 물론 시즌이 끝나고 세일을 한다는 파타고니아의 문자를 받으면 관심을 표시한다.

얼마나 많은 파타고니아 고객들이 이러한 행위를 할지는 모르지만
이 기업이 제시하는 가치를 인정하기에 만들어진 소비자의 행위인
것이다. 이러한 파타고니아와 대조적인 기업들은 무수히 많다. 상품
제조에 집중하고 판매는 유통망에 의존하는 브랜드들이다. 그렇다
고 이들 기업이 파타고니아 대비 열등한 비즈니스 모델을 가졌다고
볼 수는 없다. 단지 다를 뿐이다.

고객관계 설계는 진화를 염두에 둬야 한다

내가 비즈니스 모델을 설계함에 있어 고객과의 관계를 어느 수
준까지 가져갈 것인가는 정적인 선택이 아니라 동적인 진화의 과
정이다. 고객관계를 단순한 연결에서 신뢰 수준으로 가고 싶은 것
은 모든 기업의 소망이지만 모든 기업이 처음부터 그 수준을 지향
할 수는 없기 때문이다. 하지만 이미 언급한 것처럼 비즈니스 모델
은 현재의 모델이지 먼 미래의 지향점은 아니기에 단기적으로 나의
현 위치와 내가 생각하는 고객관계를 설계하는 것이 필요하다. 결
국 고객관계 설정은 장기적인 목표와 현실적인 한계 간의 타협을 통
해 설정해야 한다. 자원이 충분하다면 고객관계를 신뢰로 설정하고
손실을 견디면서 사업을 성장시킬 수도 있지만 이를 단계적으로 바
꿔나가는 것도 선택지에 포함해야 한다.

즉 고객관계를 정의할 때 고려해야 할 첫 번째 요소는 얼마나 많은 고객 정보를 갖고 있는가에 있다. 고객 정보를 갖는다는 것은 분명 좋은 일이다. 그리고 그 정보의 양이 많으면 많을수록 좋다. 하지만 반대로 정보를 많이 갖기 위해서는 투자가 필요하다. 물론 많은 데이터를 통해 고객과의 접점을 만들어내는 것은 언제나 필요한 일로 보인다. 하지만 이 또한 고객과의 관계를 악화시킬 수 있다. 즉 고객을 번거롭게 하고 또 반감을 만들어낼 수 있다. 고객관계는 너무 급하게 접근해도 무리가 따르는 경우가 많다.

A라는 중소기업은 기존에 존재했던 제품보다 작고 가벼운 신제품을 만들어냈다. 이 기업에게 가장 적합한 고객관계는 무엇일까? 무작정 높은 수준의 관계를 가지려고 하는 것은 사업 그 자체를 위험에 빠뜨릴 수 있다. 가장 쉬운 방법은 쿠팡이나 홈쇼핑과 같은 대중이 접하기 쉬운 채널을 통해 이 제품의 우월함을 시장에 알리는 것이다. 보다 많은 사람이 이 제품의 존재를 알고 입소문을 통해 전달되는 것이 가장 중요하다. 즉 사업 초기부터 단단한 고객관계를 만들려 노력하는 것은 사업 전체를 실패로 이끌 가능성을 높인다.

물론 자사몰을 만들어서 천천히 단단한 고객관계를 구축하는 것도 선택할 만한 옵션이다. 하지만 그러기 위해서는 이 상품이 얼마나 반복 구매가 가능한지가 중요하다. 만약 주기적 구매가 이뤄지는 상품이고 경쟁자의 복제에 시간이 필요하다면 이 역시 가능한 옵션일 것이다. 즉 고객관계를 설계함에 있어 내가 제공하는 가치가 무엇이고 얼마나 차별화될 수 있는가는 고객관계를 설정하는 데 중요하다. 이를 마케팅 전략이라 부를 수도 있지만 이는 사업 그 자체의 설계로 이해하는 것이 더 중요하다. 현재의 단계에서 가장 중요한 목표가 무엇이고 그 목표에 걸맞은 고객관계를 설정하는 것이 무엇보다 중요하기 때문이다.

우리는 이를 마케팅 채널이라 표현하기도 했고 홍보 전략이라 표현하기도 했다. 하지만 비즈니스 모델 설계에서 가치제안과 고객관계는 이 모든 전략을 결정하는 핵심으로 작용한다. 나의 가치제안이 가진 성격에 따라 고객관계를 어떻게 설계할지가 결정되기 때문이다.

디즈니는 콘텐츠 시장에서 제왕의 자리를 차지하고 있었다. 그런데 넷플릭스라는 새로운 비즈니스 모델이 등장했다. 디즈니는 디즈니플러스로 이를 따라갔다. 이 선택을 우리는 어떻게 이해해야 할까? 구독형 무제한 소비라는 뷔페형 콘텐츠 비즈니스 모델이 디즈니가 가진 팬덤형 콘텐츠의 가치와 어울리는지에 대한 큰 고민이 없었을지도 모른다. 즉 고객관계의 설정 역시 가치제안과 밀접하게 연동되어 설계돼야 한다.

정리하면, 고객관계는 아주 단순하게 세 가지 단계로 정의할 수 있다. 첫 번째는 '연결'이다. 이는 단순히 연결될 수 있는 정보를 갖고 있는 단계이고 고객 서비스 제공을 위해 고객의 연락처를 갖고 있는 수준이라 할 수 있다. 두 번째는 '이해'이다. 일정 수준의 복합적인 고객 정보 확보가 가능하고 이를 통해 고객에게 다양한 제안이 가능한 단계로 볼 수 있다. 마지막은 '신뢰'이다. 단순히 내가 고객에게 다가가는 것이 아니라 고객도 나와 커뮤니케이션하는 단계로 볼 수 있다. 이러한 단순한 구분은 비즈니스 모델 설계를 보다 명료하게 하기 위함이다. 사업을 설계함에 있어 고객과의 관계를 명확하게 정의하지 않으면 불필요한 투자와 비용 지출이 발생하기 때문이다.

내가 맛집으로 알려진 식당을 하고 있다고 가정해보자. 그런데 어느 날 주방을 책임지던 주방장이 퇴사를 선언하고 근처에 동일한 메뉴로 창업을 한다. 비즈니스 모델 관점에서 생각해보면 가치제안도, 수익공식도 동일하다. 단지 다른 것이 있다면 고객과의 관계만 다를 뿐이다. 만약 퇴사한 주방장이 모든 고객 연락처를 갖고 있고 이 맛집의 비밀은 자신이었다는 메시지를 기존 고객들에게 보낸다면 나의 비즈니스는 어떻게 될까? 고객과의 연결도 신뢰도 만들어지지 않은 상태에서 나의 사업은 사상누각이 될 수도 있을 것이다. 고객관계에 대한 설계는 그래서 어쩌면 사업의 지속성을 유지하기 위해서는 가장 중요한 요소일지 모른다.

비즈니스 모델 성공의
3가지 조건

비즈니스 모델 설계의 사례들을 소개하면서 어떻게 설명하는 것이 좋을지 고민한 결과 에세이처럼 편하게 가는 것이 좋겠다고 생각했다. 에세이는 일정한 형식을 따르지 않고 인생이나 자연 또는 일상생활에서의 느낌이나 체험을 생각나는 대로 쓴 산문 형식의 글을 의미한다. 그런 맥락에서 2부는 필자가 플랫폼과 구독 전략 등을 공부하면서 느꼈던 비즈니스 모델에 관련된 이야기들을 큰 스토리 없이 적어보았다.

여기에 다뤄진 사례들은 정확한 학문적 고찰이 아닌 독자들이 이 사례를 통해 스스로 무언가를 얻어갔으면 하는 바람으로 써본 글이다. 앞부분에서 나름 방법론적인 관점에서 비즈니스 모델 설계의 접근 방법을 다시 고민해보았다면, 여기서는 성공하는 비즈니스 모델이 되기 위해서 반드시 필요한 3가지 조건을 가능한 쉽게 이해하고 자신에게 맞게 활용할 수 있도록 이야기를 풀어나갔다. 모쪼록 2부를 통해 비즈니스 모델 설계를 위한 번뜩이는 영감과 아이디어를 얻게 되길 바란다.

형식상 구분은 비즈니스 모델 설계의 세 가지 요소인 가치제안, 수익 공식, 고객관계별로 나눠서 사례를 뽑아 설명했다.

1장

가치제안:
시장의 아픔과 고객의 니즈를
해결할 방법을 찾아라

가치제안의 상징,
우버

플랫폼 기업 중에 역사상 가장 많은 이슈를 만들어냈던 기업을 꼽는다면 단연코 우버일 것이다. 우버는 2010년 사업을 시작한 이래 현재 70개국 1만 500개 도시에서 사업을 운영하고 있다. 우버는 가장 큰 승차 공유 플랫폼 사업자로 전 세계에서 매달 1.5억 명의 승객이 이동 서비스를 이용하고 있으며, 이동 서비스를 제공하는 공급자인 드라이버의 숫자는 600만 명에 이른다. 하루에 평균 2,800만 이동을 제공하며 창사 이래 470억 회의 서비스를 중개했다. 숫자상으로 보면 엄청난 실적이고 이미 승차 공유라는 영역에서는 지배적 지위를 차지하고 있다.

우버의 가치제안은 시장이 갖고 있는 아픔을 정확히 집어냈다.

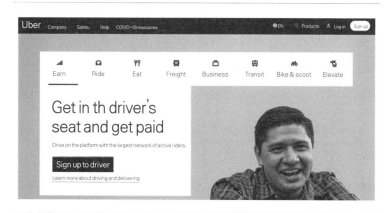

운전석에 올라타 돈을 버세요

시장의 아픔은 바로 충분하지 않은 대중교통의 공급으로 인한 이동에 있어서의 불편함이었다. 한국과 같이 대중교통이 충분한 곳에서는 이해하기 힘들지만 미국에서 단 한 번이라도 생활을 해본 분이라면 쉽게 공감할 수 있을 것이다. 우버가 처음 사업을 시작한 캘리포니아는 자가 차량 없이는 삶이 불가능에 가까운 도시로 전체 택시의 숫자는 1,500대에 불과했다. 도시의 크기 면에서 큰 차이가 나지 않는 서울에 택시의 숫자가 7만여 대인 것과 비교하면 터무니없이 적은 숫자이다. 시장에는 자가 차량이 없이는 이동하는 것이 어려웠고 차량의 90%의 시간은 주차장에 세워져 있어야 하는 비효율이 존재했다.

이 시장에 우버는 다음과 같은 가치를 제안한다. 즉 모든 차를 가진 사람들에게 타인을 위한 이동 서비스를 통해 수익을 창출할 것을 제안한 것이다. 우버는 이를 홈페이지에 "운전석에 올라타 돈을 버세요"라는 슬로건으로 표현한다. 이 시기를 기점으로 우리는 모빌리티Mobility 서비스라는 새로운 개념을 갖게 된다.

이동 서비스를 필요로 하는 수요는 충분히 존재했고 이 시장에 충분한 공급자만 만들어낼 수 있다면 플랫폼은 성립될 수 있었다. 그래서 우버 플랫폼 성공의 초점은 드라이버에 맞춰져 있었다. 공급자인 드라이버들 역시 우버가 제시한 자유로운 플랫폼 노동의 매력에 빠져들었고 수많은 사람이 자신의 운전석에 올라타 우버 기사로 참여하기 시작했다. 그 결과 우버의 승차 공유 플랫폼은 매우 빠른 시간 내에 큰 성공을 거두게 된다.

가치제안 설계에 있어 시장의 아픈 지점을 잘 공략했고 플랫폼의 참여자인 공급자와 수요자 모두가 이 플랫폼의 등장을 반겼다. 플랫폼이 성립된 것이다. 하지만 이 플랫폼의 등장과 더불어 우버라는 플랫폼은 다양한 문제들과 직면하게 된다. 그 문제들의 크기와 강도는 하나의 기업을 나락으로 떨어뜨리기에 충분히 큰 것들이었지만 우버는 그 파도들을 모두 넘어서 이제는 성공한 플랫폼으로 인정받고 있다. 그리고 우버가 그 파도를 넘어설 수 있었던 이유는 우버의 가치제안을 시장이 받아들였기 때문이다. 아니, 단순히 받아들인 것만이 아니라 플랫폼의 참여자들이 우버를 지켜냈다고 할 수 있다. 매력적이면서 창의적인 가치제안이 사업 그 자체를 지켜낸 사례가 바로 우버이다.

첫 번째 파도, CEO 리스크

우버의 CEO 트래비스 캘러닉은 2013~2017년 동안 우버를 이끌면서 다양한 문제를 만들어낸다. 성희롱, 노동착취, 경쟁사 방해, 불법 로비 등 그가 자행한 수많은 비윤리적 악행들이 수면 위로 표출되면서 우버의 첫 번째 위기가 발생한다.《뉴욕타임스》를 대표하는 테크놀로지 분야 전문 기자인 마이크 아이작Mike Isaac이 쓴《슈퍼펌프드Super Pumped》는 그 당시 우버라는 기업에 어떤 문제들이 있었는가를 적나라하게 밝힌다.

우버의 시장점유율은 하락했고 많은 사람이 우버 보이콧을 선언하기 시작했다. 마치 우버의 몰락이 보이는 듯했다. 하지만 캘러닉이 물러나고 새로운 CEO 다라 코스로샤히Dara Khosrowshahi가 들어서면서 우버는 그간의 문제를 해결하기 시작했고 캘러닉

이 저질렀던 우버 사업 초기의 적절치 못한 행위들은 조용히 사라져버렸다.

캘러닉의 행위들은 비윤리적이고 불법적인 요소가 많았지만 일부 의사결정들*은 사업적으로 보면 플랫폼 성립을 위해 필요했던 행위라 볼 수도 있었다. 한국에서 우버가 불법 인정되어 사업 자체의 진행이 불가능했던 것과 마찬가지로 미국에서도 도시별로 우버가 합법적 진입을 하는 것이 쉽지는 않았다. 다양한 소송과 방해가 존재했고 경찰과의 숨바꼭질이 벌어지는 것이 일상이었다. 하지만 캘러닉은 수많은 단속과 소송을 감내하면서 사업을 확장했고 그 과정에서 수많은 무리수를 두게 된다. 문제를 해결하기 위해 불법적인 수단이 강구되었고 빠른 확장을 위해 정상적이지 못한 조직 운영이 이뤄졌다. 캘러닉이 물러나고 새로운 CEO가 들어서면서 과거의 문제가 조용히 사라질 수 있었던 것은 비록 불법적이고 비윤리적인 행위들이 벌어지기는 했지만 그 결과 시장의 아픔이 사라졌기 때문이다. 캘러닉이 회사를 떠나던 2017년에 이미 미국의 시민들은 우버 없이 살 수 없는 상황이 되어버렸던 것이다.

---

* 규제에도 불구하고 사업을 지속적으로 밀어붙인 의사결정이 대표적이다.

2부. 비즈니스 모델 성공의 3가지 조건

두 번째 파도, 참여자들의 저항과 지속되는 적자

리더십의 문제는 회사 내의 문제이기에 상대적으로 우버가 겪었던 문제 가운데 어렵지 않은 축에 속했다. 우버의 플랫폼이 성립하기 위해 가장 심각했던 문제는 플랫폼의 한 축인 드라이버들의 저항이었다. 우버는 현재도 승차 공유를 연결하면서 전체 이동비용의 약 30%를 수수료로 받고 있다.* 이동이 이뤄지고 요금이 10달러가 발생한다면 이 중 3달러 남짓을 우버가 가져가는 것이다. 피상적으로 수수료 비율만 보아도 상당히 높은 수준이기에 플랫폼 공급자인 드라이버들은 지속적으로 이 수준에 대해 불만을 제시해왔다.

가장 대표적인 사건은 2019년 5월 10일 우버가 나스닥에 상장하던 날 우버 기사들이 우버 앱을 꺼버린 사건이다. 정확히 얼마나 많은 기사가 참여했는지 알 수 없지만 우버가 상장하는 축제의 날에 플랫폼의 한 축을 담당하는 드라이버들이 찬물을 끼얹은 것이다. 그뿐만 아니라 긱 워크즈 라이징Gig Workers Rising이라는 우버 드라이버를 중심으로 한 노동조합이 탄생하기에 이른다. 공식적은 아니지만 우버에게는 수수료율을 협상해야 할 상대방이 생겨난 것이다.

플랫폼 노동이라는 개념이 새로이 등장했고 많은 관심이 우버

---

* 동일한 서비스를 제공하는 한국의 카카오택시의 수수료율은 2.8%이다.

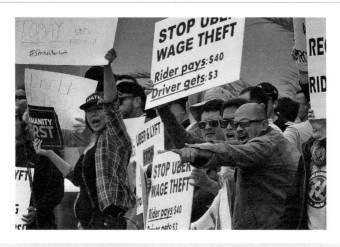

우버가 맞닥뜨린 플랫폼 노동자들의 문제 제기

에게로 쏠리게 된다. 30%에 육박하는 수수료와 플랫폼 노동자들의 원가 문제 등 다양한 문제점들이 제기되면서 우버는 또 한 번 위기에 봉착하게 된다. 여기서 우버의 가장 큰 문제는 공급자들의 수수료 인하 요구는 더욱 거세지는데 수익성을 전혀 개선하지 못했다는 사실이다. 우버는 비록 2019년 상장에 성공했고 140억 달러라는 기업가치를 인정받았지만 2019년 86억 달러, 2020년 45억 달러라는 적자를 기록했고 코로나 팬데믹이 시작된 2022년에는 91억 달러라는 사상 초유의 적자를 기록하고 있었다.

플랫폼의 한 축이 저항을 하고 있는 상황에서 적자의 늪에 빠져 있는 우버에게 이 시기는 무척이나 고통스러운 시간이었을 것이다. 하지만 이 파도 역시 투자자들의 지속적인 지원을 통해 극복된다. 현재의 적자를 성장을 위한 투자로 이해하는 투자자들이 있었기 때문이다.

세 번째 파도, 노동법 규제

우버가 맞닥뜨렸던 가장 큰 파도는 정부의 규제 움직임이었다. 우버에 대한 규제는 플랫폼 규제가 본격적으로 시작되기도 전인 2020년 노동법을 중심으로 시작되었다. 2020년 8월 캘리포니아 고등법원은 우버와 리프트Lyft에게 새로운 노동법 AB5 Assembly Bill 5에 맞춰 모든 드라이버를 정규직으로 채용하라는 명령을 내린다. 새로이 만들어진 노동법은 세 가지 원칙에 의거하여 회사와 노동자의 관계를 정의하고 이 중 하나라도 위반하게 되면 정규직으로 채용하도록 명시하고 있다. 우버와 리프트는 법원 명령에 항소했지만 패소했고 이제는 더 이상 플랫폼이 아닌 대형 택시회사로 남을 위기에 봉착하게 된다.

하지만 우버에게는 마지막 기회가 남아 있었다. 한국에서는 국민투표라 불리는 일종의 주민투표를 통해 새로운 법안(AB5)을 수정할 수 있기 때문이다. 영어로 Ballot Measure라고 하는 제도는 일종의 국민입법제도로 10만 명의 동의를 받으면 법안이 상정되고 대통

령선거와 같은 임명직 선거와 동시에 투표에 붙여지는 것이다. 우버는 2020년 11월 3일 선거에서 우버와 리프트를 새로운 노동법(AB5)의 예외 대상으로 인정하는 법안(Proposition 22)을 상정했고 58%의 지지로 이 법안은 통과되었다.

플랫폼은 분명히 새로운 방식의 사업 모델이다. 그래서 기존의 정책들과 자연스레 공존하기에는 어려운 점이 많다. 그 시점에 그 플랫폼을 지켜주는 것은 플랫폼의 참여자들이다. 우버의 경우 캘리포니아에만 존재하는 16만 명이라는 기사들과 우버의 존재를 반기는 수많은 승객이 그들이었다. 즉 우버가 이 선거에서 패하게 되면 16만 명에 이르는 우버 드라이버들은 현재 얻고 있는 자유로운 플랫폼 소득을 얻을 수 없게 되기에 스스로가 우버의 선거 운동원이 되어 이 법안의 지지를 얻어낸 것이다. 물론 우버가 사라지게 되면 다시 예전의 고통이 많던 세상으로 돌아가기를 원치 않았던 수많은 시민들도 이에 동의했다. 결국 우버를 지켜낸 것은 바로 우버 플랫폼의 참여자들이었고 우버가 시장에 제시한 가치였다.

우버는 경영자의 리스크, 플랫폼 참여자들의 불만과 지속되는 적자, 그리고 노동법이라는 우버 플랫폼 성립을 힘들게 만들었던 파도들을 모두 넘고 이제는 상당히 안정적인 플랫폼으로 자리 잡았다. 2023년 11억 달러라는 영업이익을 보고했고 고질적인 현금 부족 문제도 2023년 36억 달러의 영업현금 창출을 보고함으로써 시장의 우려를 잠재웠다. 많은 어려움을 극복하고 플랫폼으로 성립했고 이제는 큰 규모의 이익을 창출하는 안정적인 플랫폼으로 성장한 것이다.

우버가 이 어려움들을 극복했던 이유는 우버가 제시한 가치제안이 너무도 매력적이었기 때문이었다. 캘러닉과 같은 경영진이 행한 수많은 비윤리적 행위들을 소비자들이 용서한 것도, 드라이버들의 집단 행동에 우버가 크게 동요하지 않은 것도, 그리고 정부의 집요한 규제 노력에도 우버가 살아남을 수 있었던 것은 모두 우버의 가치제안이 너무도 매력적이었기 때문이다. 물론 가장 큰 사건은 플랫폼 참여자들이 우버를 지켜낸 2020년의 선거였지만 말이다.

가치제안은 비즈니스 모델에 있어 가장 핵심적인 요소이다. 그리고 그 가치제안이 진정으로 고객 혹은 시장이 가진 아픔을 해결해낸다면 그 어떤 어려움도 돌파할 수 있음을 보여준 것이 우버의 예가 아닌가 한다.

우버는 매력적인 가치제안으로 많은 역경을 극복해냈다

허풍쟁이 가치제안,
위워크

위워크의 시작과 끝을 드라마한 애플TV+의 〈우린 폭망했다_{WeCrashed}〉에서 창업자 애덤 노이만의 아내이자 동업자로 등장하는 리베카는 '나쁜 에너지_{Bad Energy}'를 이유로 직원을 해고한다. 상식적이지 않은 기업경영의 단면을 보여주는 장면이다. 우리는 수많은 비정상 경영을 위워크 파산의 이유로 알고 있다. 하지만 위워크의 가장 근본적인 문제는 비즈니스 모델을 너무 부풀리려 했던 잘못된 시도에 있었다.

가치제안을 가장 쉽게 설명하면 기업이 세상에 제시하는 새로운 가치를 의미한다. 새로운 기술, 상품, 서비스 등 그 형태가 무엇이든 이 과정을 통해 세상의 가치를 조금 더 높이는 것을 의미하는

위워크의 허풍쟁이 가치제안

것이다. 그리고 이러한 가치제안이라는 단어는 성공한 기업들에게는 사명 선언문Mission Statement 으로 표현된다. 사명 선언문은 조직, 기업 혹은 그룹이 자신의 존재 목적이나 지향점을 표현하는 짧은 선언문을 의미한다. 때로는 '비전 선언'과 혼용되기도 하지만 보다 명확하게 그 조직의 핵심 목적이나 일의 목표를 나타내는 데 사용된다. 다음은 아마존의 사명 선언문이다. 아마존이 세상에 어떤 가치를 제안하고 있는지 쉽게 알 수 있다.

"지구상에서 가장 고객 중심적인 회사가 되어 고객들이 온라인으로 구매하고자 하는 어떤 것이든 찾고 발견할 수 있는 곳이 되고, 고객들에게 가능한 가장 낮은 가격을 제공하기 위해 노력한다."*

---

* "To be Earth's most customer-centric company, where customers can find and discover

아마존은 자신이 세상에 제안했던 가치를 실제로 구현했기에 현재의 기업가치*를 인정받고 있는 것이다. 결국 가치제안을 설계한다는 것은 '어떤 가치를 세상에 제시할 것인가'를 고민하면 되는 것이다. 그리고 그 시도가 성공하면 그때 만들어진 가치제안은 자연스레 기업의 사명 선언문이 된다. 대개의 경우 투자 라운드를 돌기 시작할 때 이 가치제안을 구체화하기 시작하는데 그 시점부터 내가 아닌 외부 투자자들의 도움이 절실히 필요하기 때문이다. 이 '가치제안'이 정식으로 대중에게 공개되는 때는 바로 IPO_{Initial Public Offering}, 즉 기업공개 시점이다.

상장을 원하는 모든 기업은 증권거래소에 상장 신청서를 제출해야 하고 상장 신청서의 시작은 가치제안이 되어야 한다. 물론 상장 심사를 담당하는 조직은 재무적 성과에 집중하기도 한다. 하지만 미래의 재무적 성과를 인정받기 위해서는 이 기업의 가치제안이 얼마나 그럴듯한가에 달려 있다. 즉 상장 신청서를 잘 읽어보면 기업의 가치제안, 즉 기업의 스토리가 보인다. 미국에서는 이 상장 신청서를 S1이라 부르는데 구글에서 검색하면 어렵지 않게 구할 수 있다.

---

anything they might want to buy online, and endeavors to offer its customers the lowest possible prices."

* 2024년 8월 현재 아마존의 현재 기업가치는 1.7조 달러이다.

2부. 비즈니스 모델 성공의 3가지 조건

허황된 위워크의 가치제안

2023년 11월 6일 위워크가 190억 달러의 빚을 남기고 파산한다. 위워크는 이제는 우리에게 익숙한 '공유오피스' 비즈니스 모델을 세상에 소개한 기업이다. 비록 파산했지만 아직 한국에는 위워크 사무실들이 존재하기에 위워크의 파산을 모르는 분들이 많을 것이다.

위워크는 공유오피스란 비즈니스 모델로 2019년 470억 달러까지 기업가치가 상승했지만 같은 해 IPO의 실패와 더불어 나락으로 떨어지게 된다. 대규모의 구조조정과 수십억 달러 규모의 구제금융을 기존 투자자들에게 요청하기도 했지만 거부당했고 결국 파산에 이르게 된다.[*] 누적으로 138억 달러나 쏟아부었던 기존 투자자들까지 위워크를 포기한 것이다. 왜 이런 일이 일어났는지는 위워크의 상장 신청서에서 찾아볼 수 있다. 다음은 위워크의 사명 선언문이다.

> **우리는 최대한의 글로벌 영향력을 목표로 하는 커뮤니티 회사입니다. 우리의 사명은 세계의 의식을 고양하는 것입니다. 우리는 성장, 공유된 경험, 그리고 진정한 성공을 지원하는 전 세계적 플랫폼을 구축했습니다. 우리는 회원들에게 유연한 접근성을**

---

[*] 앞서 언급했듯 현재는 법원의 회생 결정으로 기존 크기의 반 이하로 축소하여 새로운 시작을 도모하고 있다.

> 제공하며, 아름다운 공간, 포용의 문화, 영감을 주는 커뮤니티의 에너지를 제공합니다. 이 모든 것은 우리의 광범위한 테크놀로지 인프라에 의해 연결되어 있습니다. 우리 회사가 사람들이 일하고, 살고, 성장하는 방식을 높일 수 있는 힘이 있다고 믿습니다.[*]

글로벌, 커뮤니티, 세계의 의식 고양, 플랫폼, 에너지, 테크놀로지, 문화, 영감, 그리고 공간이라는 표현이 보인다. 이 한 문장만 보아도 위워크가 스스로의 가치제안을 얼마나 확장하여 설계하고 있는지 알 수 있다. 위워크가 제공하고 있는 공간이라는 가치를 엄청난 단어들로 확대 포장하고 있는 것이다.

우리가 이미 알고 경험하고 있는 위워크의 비즈니스는 쉽고 명확하다. 위워크는 세상에 처음으로 사무실을 나누어 임대한다는 새로운 방식의 오피스 임대 방식을 제시했다. 나눈다는 뜻은 단순히 공간만을 의미하는 것이 아니라 시간의 개념도 포함하기에 위워크의 새로운 비즈니스 모델은 새로 시작하는 스타트업만이 아니라 많은 작업을 프로젝트 단위로 수행하는 테크놀로지 대기업들도 열

---

[*] We are a community company committed to maximum global impact. Our mission is to elevate the world's consciousness. We have built a worldwide platform that supports growth, shared experiences and true success. We provide our members with flexible access to beautiful spaces, a culture of inclusivity and the energy of an inspired community, all connected by our extensive technology infrastructure. We believe our company has the power to elevate how people work, live and grow.

렬히 환영했다.

시장에는 사무실이라는 공간을 두고 보다 작은 단위의 크기와 시간으로 사용했으면 하는 니즈가 있었다. 하지만 공간을 가진 임대업자들은 '공실'이라는 리스크를 피하고 싶기에 큰 공간을 1~2년이라는 고정된 기간으로 임대하기를 원한다. 시장에 니즈는 있지만 공급자들은 그 니즈를 해결하려 하지 않았나. 여기에 위워크기 스스로 이 '공실'이라는 리스크를 짊어지면서 새로운 가치제안을 한 것이다. 위워크가 대상으로 한 시장에는 공급자와 수요자가 만날 수 없는 구조적 아픔이 있었고 위워크는 이를 기반으로 비즈니스 모델을 설계한 것이다. 가치제안이라는 면에서 보면 위워크의 제안은 매력적이었고 많은 시장 참여자들의 환영을 받았다.

그런데 정작 상장 신청서를 보면 공간이라는 단어는 많이 보이지 않는다. 대신 에너지라는 단어가 13번, 그리고 CEO 애덤 노이만의 이름이 115번이나 등장한다. 마치 특정 종교의 문서를 보는 느낌이다. 가장 문제를 많이 일으켰던 '세계의 인식을 고양'하겠다는 표현은 많은 이들의 조롱거리가 되었다. 위워크는 세상 사람들이 인정할 수 있는 명확한 '공유오피스'라는 가치제안이 있었지만 그것만으로 만족할 수 없었던 모양이다. 가치제안은 명확해야 하고 또 이제는 이 공개된 주식을 구매하는 모든 대중이 받아들일 수 있을 만큼 쉬워야 한다. 위워크는 좋은 가치제안을 가지고 있었지만 이를 적절하게 대중에게 커뮤니케이션하지 못한 것이다.

커뮤니티 플랫폼?

　미국에는 위워크와 동일한 비즈니스 모델을 가진 기업이 다수 있다. 대표적인 예가 IWG이다. 그런데 위워크는 임대 면적, 고객 수, 서비스 국가, 도시 등 모든 면에서 IWG에 미치지 못한다. 그런데 유일하게 기업가치만 위워크가 IWG의 10배가 넘는다. 그래서인지 위워크는 그 가치를 정당화하는 방법으로 커뮤니티 가치를 주장한다. 즉 위워크의 고객관계가 그의 경쟁사들과는 완전히 다른 차원에 있다는 것이다. 물론 비전펀드도 그러한 위워크의 스토리를 받아들여 400억 달러, 한화로 56조 원이라는 가치를 인정했을 것이

많은 사람들이 일터에서
좋은 하루를 보낼 수 있게 합니다.

IWG의 현실적인 가치제안

다. 그래서인지 위워크의 S1을 보면 커뮤니티라는 단어가 150회 등장한다.

숫자상으로 52만 7,000명이라는 위워크의 회원 숫자는 페이스북의 일일 활성 이용자 수DAU가 20억 명인 세상에서 보면 큰 의미를 가지기는 힘들다. 그래서 위워크는 앞으로 이 숫자가 2.5억 명까지 성장할 수 있고 이로 인해 만들어지는 가치기 3조 달러에 이를 것이라고 주장한다. 이 숫자의 크기가 중요하기도 하지만 위워크는 이 3조 달러 중에 반 이상인 53%가 임대가 아닌 다른 서비스를 통해 만들어진다고 말한다. 바로 커뮤니티가 만들어지고 그 과정에서 추가적인 서비스로 가치가 창출될 것이라 주장한 것이다.

위워크의 S1은 이러한 가정을 바탕으로 3조라는 기업가치를 주장한다. 하지만 위워크의 가치제안으로 돌아가 보면 위워크는 임대 사업자이다. 그리고 그 임대 사업자가 제공하는 서비스는 공간을 제공하는 것이다. 위워크 앱의 사용에 가장 중요한 기능은 회의실 예약이고 다수가 제한된 자원을 공유하기에 커뮤니티를 운영하는 것은 쉽지 않다. 물론 무료 커피와 맥주, 그리고 위워크가 주도하는 이벤트(파티?)가 사람들을 모을 수는 있지만 이들을 하나의 커뮤니티로 묶어내는 것은 어렵다는 뜻이다.

위워크와 고객의 관계 역시 계약 관계로 멤버들은 위워크의 서비스를 사용하고 그 대가를 지불하기에 수평적이면서 우호적인 관계가 만들어지기 어렵다. 나의 고객들이 모두 모여서 커뮤니티를 형성하는 것을 상상해보면 얼마나 어려운 일인지 알 수 있다. 모든 멤버와 앱을 통해 연결되어 있고 커뮤니케이션이 가능하기에 위워크가 만들어낼 수 있는 고객관계의 최선은 고객과의 연결이다. 즉 거래 관계에서 커뮤니티를 만들어내는 것은 매우 어려운 과제이다. 이 목표는 단순히 공간을 공유한다고 만들어지는 것도 아니고 동일한 주제로 사람을 모아둔다고 자연스레 만들어지는 것도 아니다. 많은 사람이 쉽게 이야기하는 커뮤니티 가치는 어쩌면 고객관계에서 가장 높은 수준에 있는 목표일지도 모른다. 위워크는 이렇게 어려운 일을 너무도 쉽게 주장하려 한 것이다.

공헌이익이라는 장난

수익공식의 의미는 매출만이 아니라 수익창출 가능성을 보여주는 것이다. 물론 이 수익창출은 제안하는 가치를 통한 수익창출을 의미한다.* 상장을 추진하던 2019년에 위워크는 29개국 111개 도시에서 528개 사무실을 운영하고 있었고 위워크의 공간을 사용하고 있던 멤버의 숫자는 52만 7,000명에 달했다. 공유오피스 사업을 10년 동안 운영했고 이런 수준의 규모를 만들어냈다면 위워크의 공유오피스라는 가치제안을 시장이 어느 정도 받아들인 것으로 볼 수 있다. 위워크의 주장에 따르면 위워크의 멤버들(정확히는 위워크의

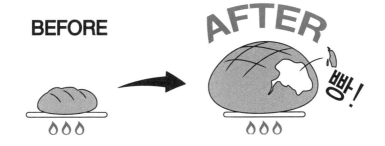

가능한 가치를 부풀리려는 시도

고객)은 자신이 직접 사무실을 임대하고 운영할 때보다 많게는 66%의 비용을 절감할 수 있었다. 하지만 과연 이런 구조에서 수익창출이 가능할지에 대한 의구심은 커져가고 있었다. 비록 시장의 아픈 지점을 잘 이해하고 해결했지만 수익창출은 아직 이루지 못하고 있기 때문이다.

위워크의 S1을 보면 위워크의 지속적인 성장을 위해 공개시장 상장을 한다고 밝히고 있다. 즉 공개시장에서 자금을 충원하여 그 자금을 바탕으로 성장의 속도를 내겠다는 뜻이다. 동시에 지금의 성장 속도를 늦추면 충분히 수익창출이 가능하지만 더 큰 가치 창출이 가능하기에 속도를 늦추지 않는다고 주장했다. 하지만 10년이

---

* 이 상장 신청서에서의 가치제안이 터무니없기에 일단은 공유오피스라는 개념으로 수익창출을 생각해보도록 한다.

지난 사업이고 이미 528개의 공간을 운영하고 있는 상황에서 위워크의 이러한 주장이 설득력이 있으려면 명확한 수익공식이 보여야 하지만 위워크는 그렇지 못했다. 대신 공헌이익이라는 개념을 사용하여 높은 수익성을 유지하고 있다고 주장했다.

공헌이익이라는 개념은 상품이나 서비스 생산과 관련된 변동비용을 공제한 후 남은 수익 금액을 의미한다. 여기서 서비스 생산과 관련된 비용이 중요하다. 위워크는 공헌이익을 산출하면서 마케팅 비용, 신규 시장 개발비용, 일반관리비, 감가상각비, 주식보상비 등을 모두 제외한다. 이 비용들을 모두 제외하고 보면 위워크는 2016년부터 줄곧 공헌이익 흑자를 기록하고 있고 2019년 상반기에는 1.4억 달러의 공헌이익을 창출했다는 것이다. 하지만 위워크의 2019년 상반기 동안의 총매출액은 15.3억 달러고 영업손실은 13.6억 달러이다. 거의 매출만큼 손실을 내고 있는 구조이다. 총비용이 29억 달러이니 이런 규모의 손실이 발생하는 것은 당연해 보인다. 위워크는 이러한 손실의 대부분이 현재 사업 운영에서 발생하는 손실이 아닌 미래 성장을 위한 투자로 인해 발생하는 손실이라면서 건전한 공헌이익*이 창출되고 있다고 주장했다.

하지만 공헌이익에서 제외되는 항목들을 하나하나 살펴보면 수긍이 가지 못하는 구석이 너무 많이 보인다. 영업과 마케팅 비용을 제외하는 이유는 위워크의 브랜드 파워가 강하기에 한 번 공간이 만들어지면 80%까지 채워지는 데 시간이 걸릴 뿐 그 이후에는 영업 마케팅 비용이 전혀 들지 않을 것이라는 주장도 이해하기 어렵고 공간에 채워진 집기들의 감가상각비는 투자를 통해 이뤄지기에 사업 운영에서 고려하지 않는다는 주장 역시 터무니없었다. 아무리 너그럽게 보아도 수긍이 가지 않는 주장이다. 위워크는 허황된 가치제안을 가졌고 이의 실현을 위해 방만한 경영을 해오면서 여전히 안정적 수익창출이 가능하다는 주장을 위해 공헌이익이라는 개념을 무리하게 적용한 것이다.

위워크 비즈니스 모델은 가치제안이라는 면에서는 분명 훌륭한 시도였고 시장도 충분히 긍정적으로 받아들였다. 물론 서비스 아이디어이기에 이제는 동일한 가치제안을 하는 기업들이 이미 다수 나타나서 경쟁하고 있다. 한국에서 패스트파이브, 미국에서 위워크의 경쟁자인 IWG가 수익을 내고 높은 기업가치를 보이고 있으니 말이다.** 하지만 위워크는 가치제안을 순수한 임대 사업이 아닌 테크놀로지, 커뮤니티 사업으로 확대 포장하면서 세상의 조롱거리가 되었고 아무도 인정해주지 않을 공헌이익을 만들어 재무제표를 포장했다. 위워크의 S1은 비즈니스 모델이라는 관점에서 위워크가 가진 가치제안, 수익공식, 고객관계를 모두 충실(?)하게 만들어내려는 노력

---

*   회계학 수업이 아니니 굳이 공헌이익을 자세히 다루지는 않겠지만 느낌상 이런저런 회계적인 요소를 다 배제하고 보면 돈을 벌고 있다는 정도로 이해하면 될 것이다. 재무회계, 즉 장부 작성을 위한 회계가 아닌 실질적인 운영 기반의 현금성 회계를 일반적으로 의미한다.

** IWG의 현재 기업가치는 23억 달러로 내려앉아 있다.

의 흔적이 보인다. 단지 문제가 있다면 세 가지 중 그 어떤 것도 시
장의 믿음을 얻어낼 만큼 단단하지 못했다.

세상에 있던 가치를 올린 기업, 쉬인

　가치제안은 자세히 들여다보면 두 가지가 있다. 하나는 세상에 없던 가치를 제안하는 것이고, 다른 하나는 기존의 가치를 더 좋은 방향으로 올리는 것이다. 우리가 현재 많이 보고 있는 플랫폼 비즈니스 모델은 세상에 없던 새로운 가치를 제공하는 경우가 많다. 배달의민족의 주문중개가 그렇고 카카오택시의 택시 호출 역시 그렇다. 물론 구글이 제공하는 검색도 기존에 우리가 상상하지 못했던 가치를 제공한다고 보는 것이 맞다.

　하지만 두 번째 경우는 조금 다르다. 사람들은 모두 좋은 품질의 상품을 저렴한 가격에 사기를 원한다. 물론 보다 더 편리했으면 하는 바람도 있다. 그래서 어떤 기업의 비즈니스 모델은 이미 존재

가치사슬 비즈니스의 가치제안은 기록 경신 경쟁과 유사하다

하는 가치를 개선시키는 데 집중한다. 쉬인Shein은 그런 면에서 아주 모범적인 가치제안을 갖고 있는 기업이다. 패션이라는 산업에서 고객들이 요구하는 보다 많은 다양성, 빠른 변화 속도, 그리고 낮은 가격을 모두 만들어냈기 때문이다.

쉬인은 2015년 설립된 여성 패션 브랜드 기업이다. 쉬인을 플랫폼으로 알고 있는 경우가 많은데 전형적인 가치사슬형 패션 기업이다. 즉 옷을 만들어 판매하는 비즈니스 모델을 갖고 있다. 현재 170여 개 국가에 판매되고 있으며 2023년 매출은 약 300억 달러(한화 약 40조 원)에 달했다. 2022년에는 미국의 쇼핑 앱 다운로드 순위에서 1위를 차지했다. 물론 이런 실적의 기반은 쉬인이 시장에 제시한 가치에 있었다. 쉬인이 제공한 가치는 다양한 패션 상품을 빠른 시간 내에 저렴한 가격으로 제공하는 것이다. 물론 모든 상품은 중국에서 제조하기에 그 품질이 우월하지 않다고 생각할지도 모른다. 하지만 쉬인이 선택한 시장은 명품 시장이 아닌 빠른 교체 주기를 가진 패스트 패션Fast Fashion 시장이기에 품질이 큰 문제가 되지 않는다. 그런 의미에서 쉬인은 패션 시장에서 기존의 SPA*가 세시했던 빠른 패션을 더 빠르게 제시했고 거기에 보다 많은 상품 구색과 더 낮은 가격을 보탰다.

일반적인 패션 상품을 시장에 선보이려면 최소 1,000개 이상의 주문량이 필요하다. 하지만 쉬인은 이 시장의 원칙을 부숴버렸다. 먼저 시장 테스트를 위해 100~200개의 상품을 제조한다. 물론 직접 제조하는 것이 아니라 3,000여 개의 협력업체를 통해 생산한다. 납품은 4~5일 안에 이뤄지고 상품은 시장에 등장한다. 오프라인 매장은 없고 쉬인 사이트(shein.com)에서 판매가 이뤄진다. 상품이 반응이 좋으면 재주문이 이뤄지고 상품의 구색이 다양해진다. 기존 SPA의 대장인 H&M과 자라Zara는 각각 138일과 92일의 재고 회전 일수를 가진 반면 쉬인은 30일 만에 재고를 회전시킨다. 게다가 가격은 더 낮다. 소량생산으로 시장을 테스트하고 이를 바탕으로 본

---

* 자라 등의 빠른 상품 주기와 낮은 가격을 경쟁 요소로 하는 패션 브랜드이다. 'Specialty retailer(전문점)', 'Private label(유통업자상표)', 'Apparel(의류)'의 첫 글자를 조합한 명칭이다.

격 생산을 한다는 생각은 누구나 할 수 있는 발상이다. 단지 이러한 방식은 고비용을 요구한다. 그런데 쉬인은 거꾸로 더 낮은 가격으로 시장에 상품을 제공한다. 중국의 선전이라는 패션 공장들이 밀집한 지역적 이점을 백분 활용한 결과이다.

쉬인이 제시한 가치: 다양성과 가격

이러한 방식으로 쉬인이 제시한 가장 큰 가치는 다양성과 가격이다. 상상할 수 없이 많은 상품이 제공되는데 그 가격이 놀랍도록 저렴하다. 먼저 다양성을 살펴보면 2024년 기준 60만 개의 상품이 존재한다. 그런데 중요한 것은 이 중 50%에 해당하는 30만 개의 상품이 매년 바뀐다는 사실이다. H&M이 매년 4,500개의 신상품을 출시하는 것과 비교하면 압도적이다. 혹자는 쉬인에 있는 모든 상품은 카피 제품이라 하지만 현실적으로 30만 개 모두를 카피할 만한 대상이 존재하기도 어렵다. 자체 디자이너와 AI가 만들어내는 디자인을 바탕으로 이러한 다양성을 만들어낸다고 한다. 즉 하루에 500~2,000개의 아이템이 쉬인 사이트에 추가된다.

이러한 압도적인 다양성의 확보가 가능한 것은 쉬인이 플랫폼이 아니기 때문이다. 쉬인은 플랫폼이 아닌 패션 브랜드이다. 쉬인에서 판매되는 모든 상품은 쉬인이 제작하여 판매하는 자체 상품이다. 일반적으로 상품의 다양성을 만들어내는 가장 좋은 방법은 플랫폼 형태로 운영하는 것으로 알려져 있다. 플랫폼에 참여하는 수많은 공급자가 자발적으로 상품을 올리기 때문이다. 하지만 자발적이라는 시장의 보이지 않는 손이 역할을 할 수 있는 한계가 존재한다. 참여자인 셀러들은 수익을 고민해야 하고 또 인기가 없는 상품을 취급하기 싫어하기 때문이다. 하지만 브랜드가 다수의 좋은 생산 파트너들을 갖고 있다면 이 한계를 넘어설 수 있다. 상품의 출시와 퇴출을 시장 참여자의 자율에 맡기는 것이 아니라 브랜드가 관리할 수 있기에 빠른 운영이 가능한 것이다.

그런 이유로 쉬인에는 다양한 자체 브랜드_{Private Brand, PB}가 존재한다. 고품질 라인부터 반려동물 라인까지 다양한 상품군을 대상으로 엄청난 속도로 새로운 상품들을 출시해내고 있는 것이다. 즉 통제가 가능하기 때문에 보다 빠른 상품 출시와 퇴출이 가능한 것이다.

이와 더불어 쉬인의 또 하나의 장점은 시장의 요구에 따라 추가 제작이 빠르게 이뤄진다는 점이다. 일반적으로 초기 생산은 100~200장이지만 시장의 반응이 좋으면 빠르게 재생산, 대량생산이 이뤄진다. 인기가 있는 상품을 품절이 아니라 약간의 배송 지연으로 시장에서의 생명력을 유지시키는 것이다.

쉬인의 또 다른 경쟁력은 비정상적으로 낮은 가격이다. 아니, 가장 중요한 경쟁력이라 보는 것이 맞다. 현재 쉬인몰에서 취급되는 모든 상품의 평균 원가는 9달러라고 한다. 이 가격은 미국의 정상적인 패션 쇼핑몰의 50%를 밑도는 가격이기에 다양한 패션에 대한 갈증과 가격에 대한 부담을 가진 젊은 미국인들을 엄청난 속도로 끌어들이고 있다.* 2023년 쉬인의 월간 활성 이용자 수MAU는 8,800만 명이고 이 중 7,000만 명 정도는 미국에 존재한다. 예측에 의하면 매일 88만 개의 주문이 만들어지고 이 숫자는 미국 전자상거래의 지존 아마존의 50%에 해당하는 수치다. 즉 거의 모든 미국의 MZ세대들이 쉬인에서 패션 쇼핑을 하고 있다고 보아도 무방하다. 이런 이유로 쉬인의 미국 상장이 어려워졌고 영국 런던거래소 상장을 준비하고 있다. 틱톡이 미국 젊은이들의 SNS를 장악했다면, 쉬인은 미국 Z세대들의 패션 시장을 장악하고 있다고 봐야 하는 상황이다.

쉬인은 팬데믹의 수혜를 받은 기업이다. 오프라인 매장이 문을 닫았기에 2019년부터 2021년까지 쉬인은 매년 300%의 고객 수 성장을 경험했다. 구글 애널리틱스를 보면 타 SPA와 비교했을 때 2020년부터 2022년까지 쉬인의 검색 빈도가 엄청나게 성장했음을 볼 수 있다. 제공하는 가치가 새로운 것이 아니기에 기존 대비 더 높은 가치를 제공할 수 있다면 시장은 새로운 비즈니스 모델을 열렬히 환영한다는 사실을 명확히 보여주는 사례이다.

---

* 쉬인의 중점 시장은 미국이고 매출의 약 40%가 미국에서 창출되고 있다.

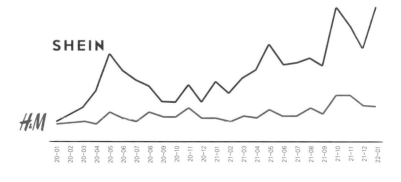

자료: Google Analytics

쉬인의 가치제안이 가능했던 이유

중국 전자상거래 전문가 김숙희가 쓴 《알리 쇼크》에 따르면 쉬인이 이를 가능케 한 요소는 다섯 가지다.* 디지털 조직 역량, 스마트 데이터 분석 시스템, 스마트 디자인 시스템, 디지털 공급망 관리 시스템, 스마트 판매 운용 전략이다. 모두가 디지털이다. 결국 디자인, 생산, 판매까지 모든 기업 운영을 디지털화하고 데이터를 기반으로 운영을 효율화함으로써 소규모 주문형 생산이 가능했던 것이다. 그리고 그 결과 다양성과 낮은 가격이라는 패션 소비자가 원하

---

* 세부적인 쉬인의 디지털 역량이 궁금하면 《알리 쇼크》를 참조하기 바란다.

는 가치를 만들어냈다. 누구나 더 우월한 가치제안의 결과가 무엇인지는 안다. 누구보다 낮은 가격으로 생산하고 싶고 중간 유통망 없이 소비자와 직접 거래하고 싶어 한다. 단지 이를 구현시키는 방법이 중요할 뿐이다.

쉬인의 기업 사명 선언문을 보면 패션 산업을 현대화시키겠다는 생각이 보인다. 가치제안이 뭔가 멋있고 꼭 새로울 필요는 없다. 아주 평범한 가치를 더 높은 수준으로 끌어올릴 방법이 있다면 그 가치제안은 충분히 의미가 있다.

"우리의 사명은 소규모 주문형 생산 모델을 활용하여 패션을 재해석하고 모든 사람이 패션의 아름다움에 접근할 수 있도록 하는 것입니다."*

---

* "Our mission is to make the beauty of fashion accessible to all, reimagining fashion by leveraging our small-batch on-demand production model."

2장

수익공식:
충분한 수익창출이
가능하다는 것을 증명하라

수익공식은 나의 비즈니스 모델이 돈을 벌 수 있음을 증명하는 과정이다. 흔히 볼 수 있는 수익모델 대신 수익공식이라는 새로운 단어를 사용한 이유는 비즈니스 모델 설계에서 우리가 흔히 겪는 혼란을 최소화하기 위해서이다. 창업자들에게 수익모델을 물어보면 광고, 수수료, 정기구독 등을 객관식 문제에서 선택지를 고르는 것처럼 쉽게 이야기하는 경우가 있다.

매출을 발생시키는 방법은 쉽게 선택이 가능하지만 얼마나 돈을 벌수 있을지를 증명하는 것은 많은 노력을 필요로 한다. 이 글에서는 수익창출 방식과 수익공식이라는 언어적 구분으로 그 혼동을 최소화하려 노력했다. 수익창출 방식이 상품이나 서비스를 화폐적 가치로 환산하는 유형들이라면, 수익공식은 그러한 방식들을 나의 가치제안과 어떻게 연결시킬 것인가에 대한 가설 수립과 증명의 과정을 포함한다.

2장에 등장하는 당근, 구글, 메타, 배달의민족의 이야기 역시 이 두 가지가 섞여 있다. 당근의 이야기는 커뮤니티라는 가치제안과 로컬 광고라는 수익창출 방식이 정확히 맞아떨어지지 못하는 모습의 예로 들었고 구글과 메타는 제공하는 가치에 맞게 어떻게 광고라는 수익창출 방식이 진화했는가의 이야기다. 마지막으로 배달의민족은 다양한 수익창출 방식의 도입을 통해 수익공식을 입증해낸 사례로 구성했다.

가치제안과 수익공식의 조화를 찾아야 하는 당근

당근은 일 년에 1.7억 회라는 중고거래 횟수*를 자랑한다. 지금은 '당근하다'가 '중고거래하다'의 의미로 사용될 정도로 당근은 중고거래의 대명사로 자리를 잡았다. 중국에서 온라인 쇼핑을 타오바오의 앞 글자를 따서 '타오'라 부르는 것과 같다. 그런데 좀 더 자세히 들여다보면 당근이라는 플랫폼은 중고 상품의 거래에 직접 관여하지 않는다. 거래는 플랫폼 참여자들 간에 이뤄지고 당근은 사용자의 동네인증을 통해 이들의 만남을 도울 뿐이다.

당근이 2020년 자본시장에서 3조 원의 가치를 인정받은 것도

---

* 2023년 실적이다.

단지 중고 상품 거래 플랫폼이 아니라 동네 사람들의 커뮤니티 플랫폼이라는 가치제안 덕분이었을 것이다. 동네인증을 통한 지역 커뮤니티라는 당근의 가치제안은 시장에서 아주 잘 받아들여졌고 이제는 주간 활성 이용자 수가 1,300만 명을 넘는 커뮤니티로 성장했다.

중고거래는 상품 품질에 대한 보증이 힘들고 그로 인해 가격 설정도 어렵다. 플랫폼 운영자가 개입하는 순간 운영은 더욱 복잡해진다. 당근은 거래 자체에는 관여하지 않기로 했고 거래 수수료라는 수익창출 방식을 포기하게 된다. 하지만 당근은 그 포기를 통해 더욱 큰 플랫폼으로서의 가치를 인정받았다. 문제는 수수료라는 수익창출 방식을 포기하고 난 당근의 수익공식이 잘 보이지 않았다는 사실이다. '당신의 근처'라는 가치제안을 통해 동네 사람들을 모아주는 연결의 가치는 제공했지만 정작 거래의 과정에서는 빠졌기에 나타난 결과이다.

수수료 대신에 당근이 선택했던 수익창출 방식은 다름 아닌 광고였다. 수수료라는 쉬운 길을 버리고 광고라는 상대적으로 어려운 길을 택한 것이다. 여기서 상대적으로 어렵다고 한 것은 당근의 '내 동네 설정'과 잘 어울리는 지역광고 시장은 이미 네이버에 의해 장악되어 있었기 때문이다. 이런 이유로 당근은 2020년 134억 원, 2021년 352억 원, 2022년 464억 원의 영업손실을 기록한다.

그런데 당근은 2023년 매출 1,276억에 수익 173억으로 흑자전환에 성공했다.* 일 년 전까지 지속해서 적자를 기록했던 당근이 극적으로 흑자전환에 성공할 수 있었던 이유는 무엇일까? 바로 지역 광고를 포기했기 때문이다. 동네 사람들이 만나는 플랫폼인 당근에서 동네 가게들의 광고를 보기는 매우 어렵다.

당근의 광고가 가진 문제

당근에는 어떤 광고가 적합할까? 당근은 지역 기반 커뮤니티 플랫폼이다. 같은 지역에 거주하는 사람들 간에 중고 물품 거래가 중심이고 이제는 동네생활이라는 거래를 뛰어넘는 커뮤니티 활동으로 확장해나가고 있다. 당근의 첫 메뉴가 '동네생활'인 것을 보면 그 의지가 보인다.** 동네에 무언가 문제가 있다면 이제는 그 문제를 같이 공유하고 생각을 나눌 장소가 필요할 것이고 당근이 그 역할을 담당하려 하고 있다. 예를 들어 동네 도서관 문제나 흡연 장소 지정과 같은 문제 말이다. 이런 당근의 성격에는 지역광고가 잘 어울릴 것이라는 것은 누구나 예측할 수 있다. 동네에 생긴 새로운 가

---

*   https://dealsite.co.kr/articles/116540

**   당근이 중점 사업으로 시작한 동네 커뮤니티 서비스인 동네생활의 누적 소통수가 2022년 4,500만 건에서 2023년 2,500만 건으로 급감한 것을 보면 당근의 커뮤니티로서 트래픽을 모으려는 시도가 생각대로 잘 되지 않는 모습이다.

게에 대한 홍보나 고객 대상 이벤트 광고 등 동네 커뮤니티를 대상으로 한 광고야말로 당근 사용자의 광고에 대한 거부감을 최소화할 수 있는 선택일 것이다.

아마도 초기에는 당근도 지역광고를 중심으로 한 전략을 추진했을 것이다. 하지만 이미 3조 원이라는 가치를 인정받고 매출 성장과 흑자전환이 시급했던 당근은 카탈로그 광고라고 불리는 전국구 브랜드 광고를 도입한다. 당근에서는 10개의 중고거래마다 한 개의 광고가 보인다. 2024년 2월 여의도 기준 게재된 광고를 보면 대부분의 광고가 카탈로그 광고이다. 건강기능식품, 임플란트 치과, 학원·대학, 자동차 보험, 쿠팡 등의 광고가 상단에 보인다. 지역광고라 할 수 있는 지역 소재 미용실이나 골프 연습장과 같은 광고는 한참 내려가야 보인다.

당근에 어울리는 광고가 돈이 되는 브랜드 광고에 밀려 잘 보이지 않는다는 것을 어떻게 해석해야 할까? 어쨌든 트래픽이 모이는 곳에 돈이 되는 광고를 집행한다는 기본 원칙을 생각하면 별 문제없다고 느낄 수도 있다. 하지만 광고라는 수익창출 방식을 당근의 가치제안에 적합한 방식으로 변화시키고 장악할 수 있는 기회를 잃어버리는 것일지도 모른다. 가입자 수 3,600만 명, 주간 활성 이용자 수 1,300만 명이라는 국내 최대의 하이퍼로컬 플랫폼으로서의 가치제안을 통해 광고라는 수익공식을 당근화할 수 있는 기회 말이다.

흑자를 내고 한숨 돌린 당근은 구글이나 페이스북이 광고라는

가치제안과 어울리지 않는 당근의 수익공식

수익공식을 어떻게 한 단계 발전시키고 자신들의 경쟁력으로 삼았는지를 눈여겨볼 필요가 있다.

당근에게 다른 선택지가 있을까?

페이스북 내에는 마켓플레이스라는 서비스가 존재한다. 그리고 이 서비스는 당근의 중고거래와 거의 유사하다. 그런데 이 마켓플레이스에서 이제는 매달 12억 명의 사람들이 물건을 사고 있다. 아쉽게도 아직 한국에 서비스가 제공되지 않기에 이 서비스의 존재를 아는 사람은 많지 않다. 그런데 이 마켓플레이스라는 서비스에는 한 가지 재미있는 히스토리가 있다. 바로 수수료 도입 과정이다.

이 서비스는 2016년에 시작했고 서비스의 내용은 당근과 동일 했다. 페이스북 회원들 간에 서로 중고 물품을 판매할 수 있게 서비스가 제공되었지만 페이스북이 거래에 개입하지 않았다. 그런데 운영자가 개입하지 않은 거래는 친구들 간의 거래로 한정되어 이 마켓플레이스라는 서비스는 크게 활성화되지 않았다. 그러던 중 페이스북은 2023년 운영자로서의 참여를 선언하고 관리의 대가로 5%의 수수료를 받기로 한다. 그리고 그 선택은 마켓플레이스를 매달 12억 명이 사용하는 서비스로 변화시킨다. 당근의 사례에 비춰볼 때 이해가 잘 가지 않는 결과다. 하지만 한 걸음 더 들어가 생각해보면 당근의 숙제가 풀릴 것 같은 생각도 든다.

두 개의 비즈니스가 처음에 시장에 제안하는 가치는 동일하다. 등가 교환을 원칙으로 하는 거래 플랫폼이 아니라 나눔과 공유를 원칙으로 하는 커뮤니티의 플랫폼이 당근과 마켓플레이스가 제시하는 가치제안이었고, 그래서 수수료라는 수익공식 적용이 어려워 보였다. 그런데 마켓플레이스의 변신을 보면 나눔과 공유의 커뮤니티에서도 수수료라는 수익공식 적용이 가능해 보인다. 단순히 나눔을 지역 커뮤니티에 한정할 경우 거래가 한정되지만 플랫폼 운영자의 개입으로 그 나눔의 범위는 넓어질 수 있기 때문이다. 즉 마켓플레이스에서 당근 서비스의 핵심이라 할 수 있는 '내 동네 설정'이 운영자의 개입을 통해 확장되는 것이다. '내 동네 설정'이 나와 같은 지역에 산다는 인증을 통해 신뢰를 제공했다면 운영자의 개입은 플랫폼에 대한 신뢰가 거래 과정에 반영된 것이다. 즉 페이스북이 거래를 관리하기 시작하자 마켓플레이스를 통한 거래가 급격히 성장한 것이다. 즉 페이스북이 거래의 운영자가 되겠다고 선언하는 순간 보다 많은 사람이 이 플랫폼에 참여할 이유를 갖게 된 것이다.

2023년 사업보고서에서 메타는 애플리케이션 비즈니스를 요약하면서 2022년까지 단 한 번도 언급하지 않았던 마켓플레이스를 가장 마지막에 소개한다. 마켓플레이스는 기타에서 빠져나와 하나의 독립적인 비즈니스 모델로 인정받은 것이다. 메타는 마켓플레이스의 수수료를 2024년 4월 5%에서 10%로 전격 인상했는데, 이는 이 거래의 가치를 좀 더 의미 있게 만들겠다는 의지의 표현으로 보인다. 아마도 보다 많은 영역에 운영자의 개입이 시작될 것이다.

당근은 당근페이라는 지불 결제 수단의 도입을 통해 거래를 중개하기 시작했다. 한국의 로컬과 미국의 로컬이 많이 다르기에 페이스북 마켓플레이스의 수수료 도입 방식이 적용될지는 알 수 없으나 신뢰라는 의미에서 플랫폼 사업자의 개입은 중요한 해법이 될 수도 있을 것이다.

광고라는 수익공식을 완전히 바꿔버린 구글과 메타

콘텐츠 관련성, 구글의 검색광고

구글은 검색 서비스를 제공하고 대부분의 수익은 광고를 통해 얻는다. 2023년 기준 검색과 유튜브, 그리고 광고 비즈니스를 통한 수익은 2,378억 달러(한화 약 309조 원)이다. 미국 방송사들의 광고 매출이 최대치를 기록한 것이 2000년이고 모든 방송사의 광고 매출을 합한 것이 670억 달러였던 것을 감안하면 구글이 보이고 있는 성과는 엄청난 수준이다. 물론 이 수치가 아직도 증가하고 있다는 점이 더 놀랍다. 결론부터 이야기하면 구글은 기존의 단방향이었던 광고 수익공식을 양방향으로 바꿈으로써 이러한 변화를 만들어냈다. 단순히 과거 신문사와 방송사가 만들어냈던 매출을 가져오는 데 만족한 것이 아니라 그 10배가 넘는 성장을 이뤄낸 것이다. 그 중심에는 콘텐츠 관련성이라는 개념이 존재했다.

구글이 만들어낸 콘텐츠 관련성이란 개념은 광고와 광고가 보이는 인벤토리 내용을 일치시키는 데 있었다. 물론 완벽히 일치시키는 것은 불가능하지만 가능한 관련 있는 광고로 채우려 노력했다. 이 관련성이 갖는 의미는 광고를 정보로 만들어주는 역할을 했다는 점이다. 광고가 정보로 인식되면서 광고에 대한 부정적 인식이 낮아졌고 광고 효율도 상승했다. 즉 디지털 광고가 기존의 단방향 광고 대비 고효율 광고로 자리 잡은 것이다. 광고비는 효율이 높은 곳으로 쏠리기 시작했고 그 변화의 시작을 구글이 만들어낸 것이다.

이는 광고라는 수익공식을 단방향에서 양방향으로 만드는 과정에서 만들어졌다. 구글은 자신이 검색 결과를 만들지 않는다. 인터넷상에 존재하는 수많은 지식과 정보들을 갈무리, 정리하여 키워드를 중심으로 보관한다. 누군가가 검색을 요청하면 이 정리된 자료 중에서 가장 적합한 결과를 꺼내어 보여준다. 이 과정에서 구글은 광고라는 수익창출 방식을 적용한다. 즉 꺼내어 보여주는 검색 결과 페이지를 읽고 그 내용과 가장 잘 어울리는 광고를 삽입하는 것이다. 검색 결과가 전기차에 대한 내용이면 테슬라 프로모션 광고가 보이고, 발리 여행에 대한 내용이면 발리 소재 호텔이나 스쿠버 다이빙 체험 광고가 나타난다. 무척 당연한 과정으로 보이지만 광

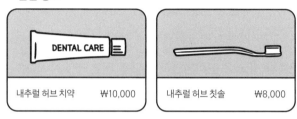

Google

🔍 치약 |

연관 광고

DENTAL CARE	
내추럴 허브 치약 ₩10,000	내추럴 허브 칫솔 ₩8,000

구글 수익공식의 핵심은 광고와 콘텐츠의 관련성을 확보하는 네트워크 규모에 있다

고 소재와 광고 인벤토리가 충분해야 가능하다.

네이버에서 '발리 맛집'을 검색하면 네이버 블로그 중 하나가 검색된다. 하지만 블로그 중간에 보이는 광고는 '하린이네쭈꾸미', 'LH 공사의 매입임대주택' 등이다. 하린이네쭈꾸미는 필자가 알림 설정을 한 가게의 광고이고 임대주택은 아무런 연관성이 없다. 누가 발리 맛집을 검색하고 있는데 쭈꾸미볶음 광고에 관심을 보일까? 문제는 네이버에는 발리 관련 광고가 없기 때문일 것이다. 충분한 광고 소재가 있어야 정보로 보이는 광고 게재가 가능하다. 네이버의 문제라기보다는 네이버가 한국을 기반으로 하고 있기에 나타나는 현상일 것이다. 반면 구글은 구글 네트워크Google Network라는 광고 조직을 통해 전 세계를 대상으로 광고 영업을 하고 있기에 충분히 많은 광고 소재를 갖고 있다. 즉 광고 소재라는 공급 시장과 광고 인벤토리라는 수요 시장이 모두 충분히 커야 내용 간의 관련성을 맞추는 것이 가능하다.

이를 위해 구글은 구글 애드Google Ad라는 도구를 사용한다. 구글 애드는 셀프 서비스 광고 프로그램이다. 셀프 서비스라는 의미는 누군가의 도움 없이 광고 게재가 가능함을 의미한다. 즉 광고주는 구글 애드에 가입함으로써 구글 웹사이트와 구글이 계약한 웹사이트*에 광고를 게재할 수 있다. 2018년까지는 구글 애드워즈Google Adwords라는 이름으로 불렸는데 검색 광고만이 아니라 디스플레이, 동영상, 앱 광고 등 다양한 캠페인 유형을 포괄하는 더 광범위한 광고 플랫폼으로 확장되면서 구글 애즈Google Ads로 명칭이 바뀌었다. 하지만 광고 소재와 광고 인벤토리 간의 관계를 이해하기 위해서는 검색광고를 위해 개발되었던 애드워즈만 이해하면 된다.

애드워즈는 대표적인 머신러닝 도구로 광고 인벤토리인 검색 결과 페이지를 기계가 읽고 그 내용을 파악, 키워드를 도출해낸다.**

---

* 정확히는 애드센스에 가입한 사이트를 의미한다.

** 물론 검색어 사전이 만들어질 때 이미 일정 수준의 내용 파악이 이뤄져 있지만 랭크값이 계산될 때의 키워드와 광고에 들어가는 키워드는 분명 다를 수 있기에 애드워즈는 광고 수익공식의 운영에 있어서 가장 중요한 도구이다.

그리고 그 키워드에 맞춰 관련성 높은 키워드를 가진 광고 소재를 해당 인벤토리에 게재하는 것이다. 앞에서 언급한 대로 충분한 검색 결과 페이지(광고 인벤토리)와 이를 채워줄 수 있는 광고주(광고 소재)가 없다면 이러한 관련성 확보가 불가능하다. 구글에서는 매일 85억 회 이상의 검색이 이뤄지고 구글의 광고 조직은 수백만 개의 광고주를 갖고 있기에 거의 모든 영역에서의 키워드 매칭이 가능한 것이다. 두 개의 충분히 큰 네트워크가 서로 도움을 주면서 성장하는 교차 네트워크 효과가 이 광고 시장에서도 적용되는 것이다. 양쪽의 규모가 커질수록 광고와 정보 간의 관련성correlation이 올라갈 것이기 때문이다.

여기에 구글은 인공지능이라는 또 다른 수단을 추가하고 있다. 2022년 구글은 챗GPT 쇼크를 이유로 1만 2,000명을 해고했고, 다시 2023년 3만 명에 달하는 검색광고 영업 인력을 구조조정하겠다는 계획을 발표했다. 구조조정의 대상이 된 직원들은 챗GPT를 미워할지 모르지만, 이 변화의 이유는 챗GPT가 구글 검색의 경쟁자가 되었기 때문이 아니라 인공지능이라는 새로운 도구가 구글의 광고 비즈니스 운영 전반에서 효율을 높이고 있기 때문이다. 과거 머신러닝으로 이뤄졌던 검색 페이지의 내용을 이해하고 적절한 광고 소재를 적용하는 일은 인공지능이라는 새로운 기술이 해내기에는 가장 적합한 일이기 때문이다.

개인화 타깃팅, 페이스북의 타깃광고

페이스북은 2019년 사명을 메타로 변경했지만 여전히 핵심 서비스는 페이스북과 인스타그램, 왓츠앱, 그리고 페이스북 메신저이다. 따라서 이 글에서는 페이스북이라는 기존의 사명을 사용하도록 하겠다. 페이스북은 구글과 더불어 디지털 광고 시장을 양분하고 있다. 그런데 페이스북이 광고를 제공하는 방식은 구글과 완전히 다르다. 페이스북은 서비스를 사용하는 개개인의 사용자에게 가장 적합한 광고를 제공한다. 여기서 적합하다는 의미는 사용자와 제공되는 광고 간의 관련성이 높다는 뜻이다. 개개 사용자별로 다른 광고를 게재하는데 그 내용이 사용자의 특성, 관심, 최근 행동, 친구의 행동 등 상상할 수 있는 모든 요소를 고려하여 가장 적합한 광고 소재를 제공하는 것이다. 얼마나 많은 변수가 고려되는지는 알 수 없지만 그 변수는 인공지능이라는 새로운 기술의 등장으로 보다 많아질 것이고 더 정교해질 것이다. 이 광고 소비자와 광고 소재 간의 매칭을 만들어낸 것이 페이스북 광고의 비밀이다.

페이스북의 광고가 구현되기 위해서는 광고 소비자에 대한 데이터가 필요하다. 그 데이터는 많을수록 좋고 구체적일수록 좋다. 단순히 가입 시에 제공하는 나의 성별, 나이, 지역과 같은 단순한 정보로는 정확한 광고 매칭이 불가능하다. 내가 어제 어떤 식당에 가서 어떤 와인을 마셨는지 정도는 알아야 나에게 적합한 광고 제

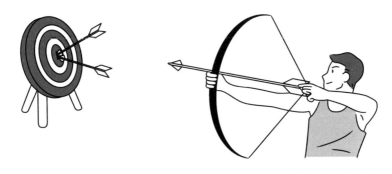

페이스북 수익공식의 핵심은 사용자에 적합한 광고의 전달에 있다

시가 가능한 것이다. 즉 사용자가 불편하게 느끼지 않는 적합한 광고를 게재하기 위해서는 아주 많은 데이터가 필요하다. 그렇다면 사회관계망 서비스인 페이스북이 어떻게 이런 데이터를 가질 수 있었을까? 페이스북의 광고를 이해하기 위해서는 페이스북이 가진 사업에 대한 정확한 이해가 필요하다. 즉 페이스북은 단순한 SNS가 아닌 미디어 플랫폼이라는 사실을 이해해야 한다.

대부분의 사람들은 페이스북을 사회관계망 서비스라 생각한다. 영어로 Social Network Service라 하는데 우리가 가장 잘 아는 SNS는 싸이월드로 사람 간의 관계를 디지털 공간에서 유지할 수 있게 도와주는 서비스라 할 수 있다. 하지만 페이스북은 SNS이기도 하지만 동시에 미디어 플랫폼이다. 페이스북에는 단순히 사람 간의 관계만이 존재하는 것이 아니라 콘텐츠와 사람 간의 네트워크가 존재하고 이 네트워크는 '뉴스피드'라는 기능을 통해 만들어졌다.

뉴스피드는 내가 페이스북에 접속했을 때 콘텐츠를 보여주는 기능이다. 페이스북이나 인스타그램에 접속하면 자연스레 무언가 콘텐츠가 보이기 시작한다. 나의 친구의 어제 파티 소식이 올라오기도 하고 삼성전자의 인턴 공고가 올라오기도 한다. 물론 가장 핫한 걸그룹의 새로운 뮤직비디오가 보이기도 한다. 그런데 이 기능은 어느 순간 페이스북을 미디이 플랫폼으로 만들어버렸다. 모든 기업은 매일 수십억 명이 사용하는 페이스북에 자신의 콘텐츠를 올리고 싶어 한다. 그래서 수많은 콘텐츠가 다양한 페이스북 계정을 통해 만들어지고 뉴스피드를 통해 제공된다. 이 과정에서 페이스북은 개개의 사용자들이 어떤 콘텐츠에 관심을 보이고 반응하는지 알 수 있다. 콘텐츠 제공자들은 자신의 콘텐츠에 반응한 사용자들의 제한된 정보만 얻을 수 있지만 미디어 플랫폼의 운영자는 사용자의 모든 콘텐츠에 대한 자세하면서 정확한 정보를 가질 수 있는 것이다. 개방을 통해 누구나 아무 대가 없이 접근할 수 있도록 하면서 페이스북은 사용자의 데이터를 모으고 있는 것이다. 그리고 그 데이터는 페이스북 광고의 품질을 올리는 데 사용된다.

페이스북에는 수많은 사용자가 존재하기에 페이스북은 개개 사용자들에 대한 어마어마한 데이터를 갖고 있다. 지금 인스타그램을 하고 있다면 페이스북은 당신이 어제 무엇을 했는지, 지금 어디에 있는지, 무엇을 하는지를 알고 있을 수도 있다. 그리고 페이스북은 당신이 계속해서 남아 있게 하기 위해 쉬지 않고 피딩을 한다.

소셜 미디어가 인간에게 미치는 영향에 관한 다큐멘터리 드라마(Netflix, 2020)

일종의 관심을 유지시키기 위함이고 이 과정을 통해 보다 많은 데이터가 축적된다. 이를 설득 기술Persuasion Technology이라고 하는데 넷플릭스에서 만든 〈소셜 딜레마The Social Dilemma〉라는 다큐멘터리를 보면 페이스북과 같은 기업이 관심을 유지시키기 위해 어떤 행동을 하고 있는지를 이해할 수 있다. 이 다큐멘터리에서는 소셜 미디어가 문제가 아니라 바로 이 비즈니스 모델이 문제라는 사실을 지적하고 있다. 페이스북의 비즈니스 모델이 콘텐츠 중독, 인간의 상품화, 양극화, 그리고 인간의 위기를 만들고 있다는 주장이다. 이를 윤리적으로 어떻게 평가할 것인가는 다른 차원의 이야기이고 비즈니스 모델의 수익공식이라는 면에서 보면 슬프게도 그 무엇보다 잘 설계되었다고 할 수 있다.

구글과 페이스북은 콘텐츠와 광고의 관련성, 사용자와 광고의 관련성이라는 비밀을 풀어냄으로써 광고라는 수익창출 방식을 한 단계 발전시켰다. 그리고 인공지능이라는 새로운 기술은 이를 디스토피아 수준으로 발전시킬 것이다. 불행인지 다행인지 이 추세는 거스르기 힘들어 보인다. 또 한 가지 비즈니스 모델 관점에서 광고라는 방식이 더 이상 타 기업에게는 적용이 힘든 수익창출 방식이 되리라는 예상이다. 두 기업이 가진 데이터 네트워크가 너무 크고 그 네트워크를 통해 만들어지는 광고의 정확도를 감안하면 신규 사업자의 진입을 예상하기가 힘들기 때문이다. 아직은 한국에서 네이버가 광고라는 수익을 잘 유지하고 있는 이유는 여전히 로컬이라는 이점이 있기 때문이지만 언젠가 진정한 국경이 사라지는 상황이 발생한다면 이들의 공격을 방어해내는 것은 쉽지 않을 것이다.

수익공식의 카멜레온, 배달의민족

　배달의민족은 배달 플랫폼이다. 2010년에 시작해서 2023년 말 기준 시장의 대략 60% 이상을 점유하고 있다. 이 배달의민족의 역사를 보면 수익공식의 조합과 변화가 보인다. 배달 시장은 생소한 용어가 많아서 이해하는 데 어려움이 많다. 최대한 일반적인 언어로 바꾸어 설명해보도록 하겠다.

　먼저 배달의민족은 주문중개 플랫폼으로 시작했다. 식당과 고객 간의 주문을 중개하는 플랫폼이다. 기존에 전화로 음식을 주문하던 방식을 앱으로 옮겨왔다. 전화로 주문하면서 발생했던 주문 오류나 결제의 번거로움이 많이 사라지는 편리함을 만들어냈다. 배달의민족이 만들어낸 가치제안의 핵심은 다양한 음식을 편하게 집

에서 먹는 편리함이었다.

수익공식 관점에서 배달의민족은 사업 초기 수수료 방식이 시장의 저항에 부딪히자 빠르게 포기를 선언한다. 광고 방식으로 전환하면서 영업이익의 규모는 500억 남짓으로 줄어들었지만 10만 개의 식당들이 추가로 배달의민족에 참여하면서 시장지배력은 급격히 상승한다. 이 결과 배달의민족은 4조 원의 기업가치로 추가 투자에 성공한다. 이후 배달 시장의 크기는 27조 원까지 상승했고 배달의민족은 시장지배력을 바탕으로 수수료 방식을 부활시켰다. 이 결과 배달의민족의 이익 규모는 2023년 기준 7,000억 원 수준까지 상승한다. 이 이익의 규모를 바탕으로 배달의민족의 기업가치가 얼마까지 상승할지는 알 수 없지만 플랫폼의 특성상 수익을 창출하는 선두 플랫폼의 목적지는 시장 독점이다.

배달의민족의 초기 수익공식: 광고

편리라는 가치제안이 시장에 받아들여지면서 배달의민족은 울트라콜과 오픈리스트라는 광고 상품들을 만들어 식당 사장님들에게 판매하기 시작했다. '울트라콜'이라는 8만 원짜리 광고 상품은 지역을 나눠 식당이 노출되는 방식으로 배달이라는 지역 제한을 잘 살린 상품이었고 '오픈리스트'는 주문 매출의 6.8%를 받고 앱 첫 페이지 랜덤으로 노출해주는 상품이었다. 오픈리스트가 흡사 수수료 방식과 유사해 보이지만 광고 상품을 구매한 식당만 노출되는 방식이므로 일반적인 노출형 광고 상품이라 보아도 될 것이다.

여기에 추가로 수수료 방식의 사업 방식도 운영하고 있었다. '바로 결제'라는 방식인데 주문과 결제가 모두 배달의민족 앱에서 이뤄질 경우 그 대가로 주문 금액의 9.5%를 받았다. 9.5%에 결제 수수료 3%가 포함됐으니 대략 6.5%의 수수료를 받았다고 볼 수 있다. 2014년 앱의 다운로드가 1,000만을 넘어선 시점에서 배달의민족의 매출은 광고와 수수료가 7:3의 구조를 갖고 있었다.

2015년 대규모의 투자를 유치한 배달의민족은 시장 플랫폼의 가장 중요한 수익 원천인 수수료를 받지 않겠다고 선언한다. 이미 대다수의 배달 전문 식당들이 배달의민족에 입점한 상황에서 배달을 거부하던 맛집들의 입점을 유도하기 위해서는 무언가 조치가 필요했다. 단순히 주문과 결제가 배달의민족에서 이뤄졌다는 이유로 발생하는 10%에 가까운 수수료는 맛집들의 플랫폼 참여를 방해하고 있었다. 무료 수수료 선언은 현명한 판단이었고 맛집들을 포함한 수많은 식당이 배달의민족에 입점하게 된다. 울트라콜과 같은 광고 상품의 구입은 식당의 선택이기에 광고 상품을 구입하지 않는 맛집들에게 배달의민족은 아무런 대가 없이 주문을 중개해주는 착한 플랫폼이었다. 게다가 배달의민족이 성장하면서 정보성으로 제공하는 지역별 맛집 랭킹은 맛집들의 배달의민족 입점을 선택이 아닌 필수로 만들어버렸다. 맛집들의 참여와 함께 음식 배달중개 시장은 폭발적으로 성장하기 시작했다.

여기까지 배달의민족의 수익창출 방식은 광고에 집중되어 있었다. 물론 수수료 방식이 일부 존재하기는 했지만 울트라콜이라는 대표적인 광고 상품으로 시장을 운영해왔다. 당시 경쟁자였던 요기요는 12.5%라는 높은 수수료율을 고집하고 있었기에 배달의민족의 이 선택은 플랫폼으로 규모를 갖추는 데 중요한 역할을 했다. 현재 2,280만과 550만이라는 두 플랫폼 사용자 규모의 차이는 이 시점에서 만들어지기 시작한 것으로 보인다. 배달의민족이 광고라는 수익공식을 고집했던 이유는 보다 많은 공급자들을 플랫폼으로 끌어들이기 위함이었고 맛집들을 비롯한 대규모 공급자의 증가는 소

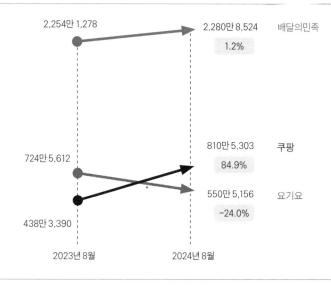

2,254만 1,278   2,280만 8,524   배달의민족

1.2%

810만 5,303   **쿠팡**

84.9%

724만 5,612

550만 5,156   요기요

438만 3,390

−24.0%

2023년 8월   2024년 8월

자료: 아이지에이웍스 모바일인덱스

비자의 증가라는 교차 네트워크 효과를 통해 배달의민족의 플랫폼
으로서의 성립에 결정적 공헌을 한다. 배달의민족은 플랫폼 성장 단
계에서 수수료라는 수익공식 포기를 통해 규모의 성장을 만들어낸
좋은 예라 할 수 있다.

배달의민족의 변심: 수수료 도입

배달의민족의 성장은 지속되어 2018년 매출 3,192억 원에 영업

이익 586억 원을 기록한다. 창업한 지 8년 만에 500억 원 이상의 이익을 내는 기업으로 성장한 것이다. 그런데 이 시장을 두고 본격적인 경쟁이 시작된다. 요기요가 엄청난 마케팅 비용을 집행하면서 배달의민족의 자리를 위협하기 시작한 것이다. 본격적인 경쟁이 시작되면서 무료 배달, 할인 쿠폰 경쟁이 시작되었고 배달의민족은 2019년 다시 적자를 기록한다.

하지만 주문중개 시장의 경쟁은 그리 오래가지 못했다. 배달의민족은 2019년 12월 요기요의 운영사인 독일계 딜리버리히어로 Delivery Hero에게 사업을 매각한다고 발표한다. 딜리버리히어로는 요기요와 배달통을 운영하고 있었기에 이 합병은 배달 시장 전체가 하나로 합쳐지는 것을 의미했다. 그런데 바로 이 시점에 배달의민족은 수익공식의 변화를 시도한다. 추측이지만 합병과 수익창출 방식의 변화가 동시에 이뤄진 것을 보면 아마도 합병 조건의 하나로 수수료 방식으로의 전환이 포함되었던 것으로 보인다.

결국 시장의 성장에 따라 안정적인 수익이 창출되는 수수료 방식으로의 전환을 시도한 것이다. 그래서 2019년 기존의 '오픈리스트'라는 광고 상품 개편을 명목으로 '오픈서비스'라는 상품을 내놓는다. 과거 오픈리스트가 광고 상품이었던 이유는 최상단에 랜덤으로 식당 세 개가 노출되는 방식으로 광고 상품 공급이 제한되어 있었다. 그런데 오픈서비스에서는 이 숫자의 제한이 사라진 것이다. 문제는 이 서비스에 가입하지 않을 경우 노출이 거의 불가능했기에 가입은 선택이 아닌 필수였다는 점이다. 게다가 과거 수수료 부과를 하지 않던 단골 가게 주문*에도 동일한 수수료를 적용하기 시작했기에 거의 모든 주문에 수수료 적용이 시작되었다고 볼 수 있다.

오픈서비스의 등장으로 배달의민족의 수익공식에 수수료 방식이 본격적으로 추가된 것이다. 게다가 배달의민족의 상징인 울트라콜을 가게당 세 개로 제한하고 리스트에서 하단으로 내리는 조치를 취해 울트라콜의 효과를 절하시키면서 자연스레 오픈서비스를 강요하기까지 했다. 비록 수수료는 기존 6.8% 대비 1% 낮춰진 5.8%로 책정됐지만 그 불만은 엄청났다. 게다가 요기요와의 합병 선언으로 시장을 놀라게 한 지 얼마 지나지 않은 상황에서 이뤄진 수수료 모델로의 전환 발표는 시장을 뜨겁게 만들었다. 이제 시장을 차지하고 나서 본격적으로 돈 벌기에 나섰다는 의심 아닌 의심을 자아내기에 충분했다. 플랫폼의 모든 참가자와 언론이 반대에 나섰고 2020년 4월 배달의민족은 고개를 숙이는 모습을 보였다. 하지만 결코 수수료 모델에 대한 집착은 버리지 않았다. 배달의민족이 사과문을 통해 수수료 방식의 포기가 아닌 개선과 보호, 보완을 이야기하고 있는 것을 보면 그 의도를 알 수 있다. 배달의민족은 사과는 했지만 수수료 방식을 포기하지 않았다.

---

* 맛집 랭킹 상위 가게 주문, 손님이 찜해놓은 가게 주문, 과거 주문 내역을 통한 주문

우아한형제들은 즉각 오픈서비스 개선책 마련에 나서겠습니다. 비용 부담이 늘어나는 분들에 대한 보호 대책을 포함하여 여러 측면으로 보완할 방안을 찾겠습니다. 이 과정에서 사장님들의 마음속 깊은 말씀을 경청하고, 각계의 의견에도 귀 기울이겠습니다.

배민1, 본격적 수수료 모델의 정착

배민1의 발단은 쿠팡이 '단건배달'이라는 프리미엄 배달 서비스를 시작하면서다. 쿠팡의 공격에 배달의민족은 2021년 6월 '배민1'이라는 상품으로 대응한다. 배민1은 오픈서비스와 마찬가지로 모든 식당에 강요되었고 가장 보편적인 서비스로 자리 잡는다. 결국 본격적인 수수료 모델로의 전환은 경쟁자인 쿠팡이츠가 만들어준 것이다.

배민1의 기본 상품은 중개 수수료 6.8%에 배달비 6,000원으로 책정되었고* 2022년 1월 프로모션 종료와 더불어 기본형에 두 가지 선택 요금제를 추가한다. 배달비라는 배달 플랫폼의 핵심 기능을 위

---

*   정식 출시에 앞서 중개 수수료 1,000원, 배달비 5,000원으로 프로모션을 실시하면서 식당들에게 배민1 가입을 유도했다.

해 발생하는 비용과 주문중개 수수료를 조합하여 식당들이 스스로 결정할 수 있도록 옵션을 만든 것이다. 여기서 식당은 음식을 주문한 손님이 지불할 비용인 배달팁을 설정하는 것이 가능했다. 맛집이라면 조금 높은 배달팁,* 예를 들어 4,000원을 설정할 수도 있고 일반 배달 전문 음식점의 경우 동일 식당과의 경쟁을 고려해 경쟁력 있는 배달팁, 예를 들어 2,000원, 심한 경우 무료 배달을 설정할 수도 있었다. 식당은 자신의 상황과 판단에 따라 자신이 부담할 배달비를 결정할 수 있었다.

여기까지 보면 배민1의 등장이 기존의 수수료 방식과 큰 차이가 없어 보인다. 하지만 조금만 더 생각해보면 6,000원이라는 절대적인 배달비 수준의 결정 주체가 배달의민족으로 바뀐 것을 알 수 있다. 물론 경쟁자인 쿠팡이츠나 요기요가 동일한 수준으로 따라온 이유도 있겠지만 기존까지 배달대행 플랫폼들이 경쟁을 통해 정해온 배달비가 이 시점부터 배달의민족의 의사결정으로 바뀌어버린 것이다. 향후 배달 인력의 공급이 줄어들거나 제반 비용이 상승한다면 배달의민족은 자신의 결정으로 배달비를 인상할 수 있게 된 것이다. 이 과정을 통해 배달의민족은 또 하나의 수익공식을 추가하게 된다. 바로 배달비다.

식당이 배민1이라는 요금제를 선택하면 배달 서비스의 주체는

---

* 손님이 부담하는 배달비

이제 배달도 내 손안에 있소이다!

배달의민족이 된다. 주문이 이뤄지는 시점에 배달 서비스 제공자는 배달의민족이고 식당은 6,000원이라는 배달비를 배달의민족에게 지불하고 스스로 설정한 배달팁(손님 부담분)을 손님으로부터 받는다고 이해해야 한다. 하지만 현실적으로 배달의민족의 자회사인 우아한청년들이 모든 배달을 할 수 있을지 모르지만 여전히 배달 서비스의 주체는 배달의민족이다. 즉 하루에 주문이 10만 건이 들어오면 배달의민족은 6억 원*이라는 예산을 가지고 배달 서비스 시장

---

*   10만 건 × 6,000원은 6억 원이다.

을 운영한다. 또 다른 수익창출 방식이 탄생한 것이다.

이 배달 서비스 사업을 별개의 비즈니스 모델로 분리하여 생각할 수 있지만 주문중개와 밀접하게 연결되어 있기에 배달 플랫폼이라는 하나의 비즈니스 모델의 다른 수익창출 방식으로 생각하는 것이 바람직하다. 이 시점까지 배달의민족의 배달 서비스에 대한 생각은 일종의 프리미엄 서비스 정도였을 것이다. 단건배달과 같은 고급 서비스를 배달의민족이 배달까지 직접 제공하는 것이다. 그런데 배민1이 대표적 상품이 되면서 배달의민족의 생각이 조금 달라지기 시작했다.

배달의민족은 2022년에 4,643억 원의 영업이익을 남겼고 2023년에는 7,247억 원의 영업이익을 보고했다. 경쟁자인 쿠팡이츠가 2022년과 2023년 각각 3,300억과 6,000억 원의 손실을 보고한 것과 비교하면 큰 차이다.* 시장점유율에 있어서 배달의민족이 60%, 쿠팡이츠가 20%, 요기요가 20%를 나눠 갖고 있는 것으로 보이지만 수익 면에서 보면 시장은 이미 배달의민족으로 쏠리고 있어 보인다. 이 시장의 쏠림을 잘 알기에 배달의민족은 배달이라는 또 하나의 수익공식을 만들려 시도하기 시작했다.

---

* 쿠팡의 사업별 손익계산서 2023년 'Developing Offering'으로 표시된 쿠팡이츠 사업의 EBITDA는 4.66억 달러, 한화로 6,000억 원에 이른다.

배민의 세 번째 수익창출 방식, 배달 서비스 사용료

배달의민족이 대상으로 삼고 있는 산업은 음식 배달 시장이다. 그리고 그 시장에서 배달의민족이 제시한 가치제안은 식당과 손님이라는 양면시장을 연결하는 것이고 배달의민족은 이미 그 연결의 규모를 달성했다. 그런데 여기에 아직 해결하지 못한 아픔이 있다. 바로 음식을 빠르고 안전하게 배달하는 서비스이다. 배달원이라는 사람에 의해 수행되는 이 산업은 택시 산업만큼이나 말이 많은 시장이면서 또한 플랫폼 노동이라 불리는 새로운 시장이다.

수십만의 서비스 노동자를 상대하는 사업은 일반적으로 대기업에게는 적합한 사업이 아니고 대부분 하청 관계를 통해 해결되곤 했다. 바로고나 생각대로와 같은 배달중개 사업자들은 그런 의미에서 배달의민족의 하청업체 혹은 협력업체로 해석할 수 있다. 그런데 상황이 변했다. 배달중개 사업자들의 경영이 악화되면서 배달의민족이 원하는 수준의 배달 서비스 제공이 어려워진 것이다. 이런 이유로 2024년 초 배달의민족은 배민1을 배민1플러스로 업그레이드를 단행한다.

배민1플러스로의 변경은 두 가지 변화를 의미한다. 거의 모든 주문중개가 수수료 방식으로 바뀌는 것이고 배달비 설정의 주체가 온전히 주문중개 플랫폼, 즉 배달의민족으로 바뀌는 것이다. 손님은 음식 배달을 선택할 때 단건배달과 묶음배달 중에 선택이 가능하고

배달의민족·쿠팡이츠 최종 상생 방안

※ 적용 기간: 향후 3년간

구간	중개 수수료	배달비
현행	9.80%	1,900~2,900원
▼		
상위 35%	7.80%	2,400~3,400원
35~50%	6.80%	2,100~3,100원
50~80%		1,900~2,900원
하위 20%	2.00%	

그에 따라 배달팁이 바뀌는데 이때 배달팁은 배달의민족이 배달 상황을 고려해 자동으로 책정한다. 결국 손님의 입장에서는 선택지가 단순해진 것이다. 그런데 식당 입장에서 보면 엄청난 변화가 생겨났다. 기존에 식당주가 정하던 배달팁 설정 권한마저 배달의민족에게 넘어가 버린 것이다. 식당은 일괄적으로 적용되는 배달비, 서울의 경우 2,900원을 배달의민족에게 수수료와 함께 지불할 따름이다.

여기에 배달의민족은 모든 식당들에게 배민1플러스를 강권한다. 식당 사장님 커뮤니티 '아프니까 사장이다'에는 배민1플러스로 전환하지 않았더니 매출이 떨어졌다는 이야기들이 넘쳐난다. 결국 배달의민족은 이러한 방향으로 시장을 만들어가겠다는 의지를 보이고 있다. 배민1플러스의 등장은 주문중개 시장에서 모든 결정권을 배달의민족이 가져가는 방향으로의 변화를 의미한다. 배달의민족은 왜 이런 선택을 하는 것일까? 바로 배달비라는 새로운 수익창출 방식을 만들어내기 위함이다.

배달이라는 시장에서 주문을 중개하는 것도 중요하지만 실제 음식을 배달하는 것도 그 못지않게 중요하다. 하지만 노동시장이라는 것은 본질적으로 대기업이 접근할수록 가격이 오르는 특성이 있기에 안정적인 구조를 만들어놓지 않은 상태에서 그 영역으로 들어가는 것은 현명하지 못하다. 그런데 배달의민족은 배민1플러스를 통해 안정적인 구조를 만들어낸 것이다. 플랫폼 노동이라는 배달 노동의 본질에 배달비 그 자체에 대한 통제권을 확보함으로써 배달이라는 서비스의 수익공식을 완성한 것이다.

배달 시장 그 자체를 장악하기 위해서는 배달비에 대한 통제권을 확보하는 것이 필수적이다. 배달비 인상에 대한 요구는 배달 플랫폼 노조를 통해 지속적으로 요구될 것이고 배달의민족은 대표 사업자이기에 이에 대한 사회적 부담을 짊어져야 한다. 하지만 배달중개 플랫폼들이 더 많은 물량을 처리하고 있는 상황에서 배달의민족 혼자만이 배달비를 인상하는 것은 부담스럽다. 하지만 배달의민족의 자체 배달이 일정 규모, 즉 시장의 50%를 넘어가게 되면 상황이 달라지게 된다. 배달의민족이 전체적인 배달비를 결정할 수 있는 권력이 생긴다. 이미 식당들은 배민1플러스를 선택함으로써 부담해야 하는 배달비에 길들여져 있을 것이고 손님들은 배달의민족이 정해놓은 배달팁을 받아들일 수밖에 없을 것이기 때문이다.

물론 경쟁 플랫폼으로 넘어가는 선택도 가능하지만 쿠팡이츠도 이미 동일한 수준으로 배달비를 인상했을 것이기에 큰 의미는 없을 것이다.*

2024년 11월 배달의민족을 비롯한 배달 플랫폼들은 상생협의체를 통해 배달 수수료 조정안을 발표했다. 향후 3년간 거래액에 따라 수수료를 차등하여 부과하기로 한 것이다. 배달에 따른 추가 비용이 사회적 부담으로 작용하기 시작한 데 정부가 개입을 시도한 것이다. 그런데 수수료 인하의 대가로 배달의민족이 요구한 것은 배달비의 소규모 인상이었다. 이 합의는 배달의민족이 배달비 결정에 대한 권한을 정부와 시장으로부터 공식적으로 인정받은 사건이다. 이제 배달 시장에서 수수료는 기본이 되었고 배달비 역시 배달 플랫폼의 권력이 된 것이다. 배달 서비스라는 새로운 비즈니스 모델이 성립되었고 식당으로부터 공식적으로 배달비를 받을 수 있기에 배민은 안정적인 수익공식을 만들어낼 수 있게 된 것이다.

2023년 전체 배달 시장의 크기는 27조 원이었다. 이제 26조로 하락하기는 했지만 배달 단가를 3만 원이라 가정하면 일 년 동안 총 9억 회의 배달이 이뤄진다고 볼 수 있다. 이 중 배달의민족이 60%의 시장을 갖게 되더라도 5.4억 회의 배달을 수행한다. 하나의 배달 예산이 6,000원이면 3.2조 원이라는 매출이 추가로 생기는 것

---

* 이를 두 기업 간의 전술적 담합tacit collusion이라 볼 수도 있다.

이다. 2023년 배달의민족의 매출이 3.4조 원임을 생각하면 엄청난 추가 매출과 이익이 창출되는 것이다.

주문중개를 통한 매출이 한계에 봉착한 지금 배달의민족이 생각하고 있는 성장동력은 배달 서비스임은 분명하고 그 시작은 '배민1플러스'라는 상품을 판매하면서 시작되었다. 배달의민족은 광고라는 플랫폼의 가장 기본적인 수익 방식에서 시작하여 수수료라는 시장 운영자의 수익 방식으로 진화했다. 그리고 이제는 인프라 플랫폼만이 누릴 수 있는 사용료라는 가장 안정적인 방식을 가지려고 하고 있다. 수익공식 진화 확장의 모범적인 사례라 보아도 전혀 손색이 없다.

3장

고객관계:
고객과 어떤 관계를 맺고
어떻게 관리할지를 결정하라

2021년《구독전쟁》이라는 이름으로 구독에 대한 이야기를 썼다. 2019년 말에 발생했던 두 가지 사건인 나이키와 디즈니의 D2C 선언을 이야기하기 위해서였다. 그런데 D2C, 즉 Direct to Consumer라는 표현은 너무 큰 모호함을 갖고 있었다. 아니, 차라리 너무 단순했기에 이를 전략이라 표현하기도 애매했다. 기존 경영학적 시각에서 보면 이미 많이 보았던 고객 중심 경영, 혹은 앞으로 고객과의 관계를 보다 가깝고 밀접하게 가져가겠다는 기업의 선언에 불과해 보였다.

　나이키는 이미 2017년부터 컨슈머 다이렉트 오펜스Consumer Direct Offense, CDO라는 전략 방향을 이어오면서 대형 도매상과의 관계를 조금씩 정리해오고 있었고 2019년 말 상징적인 도매상인 아마존과의 거래 종결 선언이 조금 충격적이었을 뿐이다. 반면 디즈니는 넷플릭스와의 협업을 통해 아주 안정적인 수익을 확보하고 있었기에 수천억을 포기한 디즈니의 행보는 시장을 약간 놀라게 했다. 2019년 말 디즈니플러스를 론칭했고 드디어 처음으로 고객과 직접 만나기 시작한 것이다. 그 선택이 극적이든 아니든 두 거인들의 D2C 전략은 시장에 새로운 비즈니스 모델을 알리는 계기가 되었다.

나이키와 디즈니 모두 제조업이다. 제조를 업으로 삼는 기업이 비즈니스 모델을 변화시키는 것은 매우 어렵다. 시장에 제공하는 가치제안이 무언가를 만들어 판매하여 가치를 창출하기에 자신이 창조하는 가치를 변화시키지 않는 한 비즈니스 모델상의 변화를 만드는 것이 거의 힘들기 때문이다. 그런데 나이키와 디즈니가 그 변화를 선택한 것이다. 바로 고객관계라는 비즈니스 모델의 한 요소에 변화를 주면서 말이다. 가장 전형적인 제조기업인 나이키는 가치제안과 수익공식을 그대로 둔 채 고객과의 관계를 보다 직접적이면서 밀접하게 만들면서 변화의 방향을 잡았고 디즈니는 디즈니플러스라는 완전히 다른 비즈니스 모델을 세상에 내놓으면서 극적인 변화를 선택했다. 이 두 기업의 선택은 전통적인 제조업이 어떻게 비즈니스 모델이라는 영역에서 혁신을 만들어낼 수 있는가를 보여주는 좋은 사례라 할 수 있다.

테슬라의 로보택시 이야기는 가장 최근에 벌어진 일이다. 역시 전형적인 자동차 제조기업인 테슬라는 로보택시라는 미래 추세를 바탕으로 플랫폼 영역으로의 진출을 선언했다. 테슬라 모터스에서 테슬라로 사명을 변경한 이후 로보틱스로 사업을 확장하던 테슬라가 던진 새로운 변화의 선언이기에 주목할 만하다. 특히 제조기업의 플랫폼 진출이라는 관점에서 그 성공 가능성을 검토해보는 것이 중요할 것이다. 테슬라가 플랫폼 우버가 갖고 있는 고객과의 관계를 가질 수만 있다면 그 미래는 더 클 수 있기 때문이다.

마지막으로 룰루레몬은 커뮤니티라는 가장 어려운 목표를 고객관계에 적용한 사례로 넣어보았다. 고객관계를 단순한 고객과 기업 간의 1:1이 아닌 커뮤니티로 확장하는 것은 팬덤을 가진 상품의 경우에나 가능하다. BTS가 소속된 하이브와 같은 기업은 커뮤니티라는 고객관계 전략을 사용할 수 있다. 하지만 제품을 만들어 판매하는 기업이 커뮤니티라는 고객관계 전략을 성공적으로 만들어낸 사례는 흔하지 않기에 같이 고민해볼 필요가 있어 보인다.

나이키가 선택한
고객관계 변화

　제조기업이 고객과의 관계를 변화시키는 것은 매우 어렵다. 기존의 유통망이라는 파트너를 무시하고 직접 고객을 만나는 것이 껄끄럽기 때문이다. 그래서 고객관계를 바꾼다는 것을 전략의 변경이라고 이야기할 수도 있지만 비즈니스 모델의 혁신이라 부르는 것이 더 적합할 수도 있다. 현실적으로 거의 모든 것을 바꿔야 하기 때문이다. 나이키의 비즈니스 모델 혁신은 나이키가 제공하는 본질적인 가치는 전혀 바뀌지 않았다. 여전히 나이키라는 브랜드 아래 다양한 스포츠 용품이 제조되어 판매되기 때문이다. 물론 수익공식도 동일하다. 단지 바뀐 것은 고객관계일 뿐이다.

　그런데 우리가 여기에 비즈니스 모델 혁신이라는 단어를 붙이는 것은 그 변화의 진폭이 충분히 크기 때문이다. 나이키의 고객관계 변화 시도는 아직 성공과 실패를 판단하기 이르다. 하지만 여기서 우리가 주목해야 할 것은 이 비즈니스 모델 혁신을 위해 나이키는 거의 모든 것을 바꾸려고 노력했다는 사실이다. 나이키의 이러한 시도는 제조기업이 비즈니스 모델을 혁신하기 위해서는 어떤 수준의 노력이 필요한지를 가장 잘 보여주는 사례이다.

2024년 9월 나이키는 수장을 교체한다. 존 도나호John Donahoe를 CEO에서 내리고 엘리엇 힐Elliot Hill을 새로운 수장으로 앉힌 것이다. 존이 변화의 상징이라면, 엘리엇은 과거로의 회귀로 볼 수 있다. 이는 2020년부터 나이키가 추진해오던 비즈니스 모델 변화 시

머리부터 발끝까지 바꿔보자

도가 실패로 돌아갔음을 말한다. 거의 5년 동안의 나이키의 변화 시도는 전통적 제조기업이 고객관계를 바꾸면서 시도했던 비즈니스 모델의 변화라 볼 수 있다. 그리고 그 실패는 이 시도가 얼마나 어려운지를 보여준다. 물론 이를 완전한 실패로 단정할 수는 없다. 그러기에 나이키가 보여줬던 몇 가지 선택들을 살펴보는 것은 분명 의미 있는 공부가 될 것이다.

나이키는 2017년 시장의 성장 둔화를 감지하고 세 가지 이니셔티브를 발표했다. 첫째는 혁신의 속도와 강도를 두 배로, 둘째는 제품 출시 속도를 두 배로, 그리고 마지막으로 소비자와 직접 연결을 두 배로 늘리는 것이 바로 그것이다. 이 중 마지막이 바로 나이키의 D2C 전략 선언이자 비즈니스 모델의 변경 선언이라 할 수 있다. 이 시점부터 나이키는 다이렉트 비율을 경영지표로 관리하기 시작한 것으로 보인다. 이 다이렉트 비율은 2018~2024년까지 30.2%에서 44%로 꾸준히 상승하는 모습을 보이면서 나이키의 D2C 전략의 상징적 숫자로 역할을 하고 있다.

리더십과 조직의 정비

이러한 변화에 있어 나이키가 한 첫 번째 선택은 리더십의 교체였다. 2020년 1월 나이키의 전설적 CEO인 마크 파커 Mark Parker 가

CEO 자리를 존 도나호에게 넘긴다. 디지털 전자상거래, 기술, 그리고 글로벌 전략의 전문가인 이베이 CEO 출신의 존 도나호를 CEO 자리에 앉힘으로써 D2C 전략을 보다 강화하겠다는 의지를 표현한 것이다. 마크 파커가 걸출한 디자이너이자 마케터였다면, 새로운 CEO는 디지털Digital과 테크놀로지Technology라는 단어에 더 가까운 사람을 선택했다. 리더십의 변경이 전략 실행과 패를 같이한다는 면에서 나이키의 D2C 전략은 일단 올바른 방향을 지향하고 있다고 평가할 수 있다.

이와 더불어 나이키는 고객 중심 조직으로의 변화를 시도한다. 바로 고객 세그먼트 중심의 조직 변화를 말하고 있다.* 이는 판매 데이터 분석, 시장수요 파악Demand Sensing, 시장 인사이트 수집, 재고관리를 모두 고객 세그먼트 중심으로 수행하는 방식으로의 변화를 말한다.

그런데 나이키는 글로벌 기업이기에 지역과 기능을 매트릭스로 한 하이브리드 조직 운영을 택하고 있었다. 제조, 물류, 디자인, 마케팅 등 기능 중심 조직에 북미, 남미, 아시아, 유럽, 중국과 같은 지

---

* Additionally, we have aligned our product creation and category organizations around a new consumer construct focused on Men's, Women's and Kids' and continue to invest in data and analytics, demand sensing, insight gathering, inventory management and other areas to create an end-to-end technology foundation, which we expect will further accelerate our digital transformation. We believe this unified approach will accelerate growth and unlock more efficiency for our business, while driving speed and responsiveness as we serve consumers globally.

역 단위 조직이 엮이는 방식이다. 이러한 하이브리드형 조직 구조에 또 하나의 변수를 넣는 것은 매우 어려운 시도이다. 하지만 나이키의 새로운 조직도를 보면 몇 곳의 조직 이름에 Men, Women, Kid 등이 보인다. VP & GM Men's, VP & GM Global Kids, VP Women's Global Sports Marketing 등이 예들이다. 고객 중심적인 상품 기획을 시도하고 고객관계 변화를 통해 얻어낸 데이터를 상품 기획에 적극적으로 반영하겠다는 의지로 봐야 한다.

조직의 변화라는 것은 전략의 실행에 있어 가장 중요한 요소이다. 전략이 페이퍼 위에 있는 것과 조직의 미션으로 주어지는 것은 실행이란 측면에서는 너무도 차이가 크기 때문이다. 나이키의 현재 조직도를 자세히 살펴보면 아직은 고객 중심으로의 파워 시프트 Power Shift 가 온전히 이뤄진 것으로 보이지 않는다. 60년 동안 일해왔던 방식을 바꾸는 것은 무척 어려운 일일 것이다.

간접 유통망과의 결별, 그리고 직영망의 강화

다이렉트 Direct 의 비율이 44%까지 상승한 것은 분명 D2C 전략의 의미 있는 성과로 보인다. 이 성과를 만들기 위해 나이키가 선택한 첫 번째 행동은 기존 간접망 중심에서 직접망 중심으로 중심을 이동시킨 것이다. 유통망 믹스의 변화는 말처럼 쉬운 일은 아니다.

많은 기업이 간접 유통망을 선호하는 이유는 간단하다. 고객을 직접 상대하지 않기에 사업 운영이 단순하게 되기 때문이다. 애플처럼 처음부터 직영망을 고집한 기업과는 달리 나이키는 간접 유통망들과 더불어 시장을 만들어왔기에 단순한 판매라는 행위 이외에 다양한 영역에서 이들의 역할을 무시할 수 없었다. 간접 유통망들은 모세혈관처럼 수많은 소비사와 나이키를 연결시켰다. 40개의 핵심 파트너만을 남기고 3만 개에 달하는 간접 유통망들과의 관계를 모두 정리하겠다는 나이키의 선택은 그 누구도 생각해보지 못한 것이었다.

나이키 마케팅의 초점이 과거 톱 스포츠 스타 중심에서 일반대중으로 변경됨에 따라 나이키의 입장에서는 소비자들에게 나이키 상품을 보여줄 공간의 중요성이 커져갔다. 하지만 간접망을 축소하기로 한 나이키의 선택은 대안을 필요로 했고, 그런 이유로 직영망의 역할에 대한 변화가 만들어지기 시작했다. 기존의 오프라인 매장의 존재 목적은 판매에 있었다. 보다 많은 고객과의 접점이 필요한 것은 보다 많은 매출을 만들기 위해서였다. 그런데 시장이 모바일과 스마트폰 중심으로 바뀌면서 오프라인 직영망의 목적은 상품 판매가 아닌 브랜드 이미지 관리와 고객과의 소통, 그리고 고객 경험의 제공으로 변화된 것이다. 언제나 온라인이 저렴하다는 인식이 확산되고, 상품에 대한 정보를 7인치 스크린으로 접하는 고객에게 나의 브랜드가 가진 가치를 전달하는 가장 좋은 방법은 오프라인 직영망을 통해 브랜드를 체험하게 하는 것이라는 사실을 애플과 같은 기업들이 세상에 알려준 것이다.

나이키는 그 해법을 두 가지 방식으로 나누어 실험을 시작했다. 하나는 하우스 오브 이노베이션House of Innovation으로 대표되는 플래그십 스토어이고, 다른 하나는 나이키 라이브Live, 라이즈Rise, 스타일Style로 나타난 디지털 기능이 장착된 나이키의 직영점이었다.

플래그십 스토어

나이키 하우스 오브 이노베이션Nike House of Innovation(이하 NHI)은 현재 뉴욕, 상하이, 그리고 파리 세 곳에 존재한다. NHI라 불리는 이 플래그십 스토어는 간단히 표현하면 크고 멋진 대형 플래그십 스토어이다. 가장 먼저 지어진 NHI New York은 6,317스퀘어미터로 크기 면에서 샌프란시스코 유니온 스퀘어에 있는 애플스토어(4,180스퀘어미터)를 압도한다. 애플스토어처럼 그 도시를 가면 반드시 방문해야 하는 장소로 만든 것이다.

이들은 나이키의 모든 상품을 구경하고 체험할 수 있는 나이키의 박물관 혹은 전시관이라 생각하면 된다. 플래그십 스토어답게 보여주는 곳으로 만들어졌다. 더불어 NHI의 또 하나의 핵심 기능은 판매가 아닌 고객과의 대화 중심으로 설계되었다는 점이다. 엑스퍼트 스튜디오Expert Studio로 상징되는 NHI의 고객 상담 기능은 운동에 대한 상담이 필요한 고객과의 대화를 위한 공간으로 설계되었다. 예약을 통해 운영되는 운동이라는 단어에 관심을 가진 고객을 위해 무료 자문과 큐레이션 서비스를 제공해주는 것이다.

아울러 나이키 회원들에게 제공하는 디지털 서비스로 카운터 계산이 필요 없는 인스턴트 체크아웃Instant Check Out, QR을 이용한 상품 정보 탐색, 피팅룸으로의 배달 서비스들이 이뤄지고 있다. CEO 도나호가 이야기했던 나이키의 오프라인 스토어와 온라인 스토어를 연결시키기 위한 O2O 전략을 어떻게 활용할지 보여주고 있는 것이다. 나이키의 모든 상품은 실제 만져보고 입어봐야 가치가 올라가는 상품이기에 디지털이라는 커뮤니케이션 수단과 오프라인이라는 보다 밀접한 접촉이 가능한 공간을 연결하는 데 초점을 맞추고 있다.

나이키의 새로운 직영망

NHI가 보여주는 것에 방점을 두었다면, 2018년부터 시작된 나이키 라이브는 실제 판매를 위한 스토어로 기획, 실험되고 있는 것으로 보인다. 그 첫 번째 시도는 나이키 라이브를 콘셉트는 작지만 디지털과 연동되면서 상품 순환이 빠른 것으로 잡았다. 나이키 라이브는 지역 허브를 지향하면서 아마도 인구 밀집도를 기준으로 점차 확장해나갈 것으로 보인다. 그 지역 소비자의 온·오프라인 데이터를 바탕으로 진열하는 상품을 2주마다 변경하는 것을 가장 중요한 요소로 잡았다. 여기에 그 지역 커뮤니티 멤버들과 접촉

engagement을 늘리는 방법을 찾는 것을 주목적으로 한다. 디지털 회원들이 오프라인 매장을 어떻게 활용하는지를 관찰하면서 오프라인 직영점 전략을 수립하겠다는 생각이었다.

라이브와 거의 같은 시기에 나이키는 중국 광저우에 나이키 라이즈를 내놓았다. 라이브가 지역 중심의 작은 스토어라면, 라이즈는 NHI의 작은 버전 혹은 라이브의 큰 버전이라 볼 수 있다. 일반적으로 대도시에 위치하면서 나이키의 전 상품 라인업을 갖추는 것을 원칙으로 한다. 디지털과의 접목이라는 면에서 온·오프라인의 연결에서 한 걸음 더 나아가 보다 다양하면서 한 차원 높은 경험을 제공한다. 디지털 기술을 오프라인 스토어에 어떻게 적용하는 것이 나이키의 고객 경험을 상승시키고 아울러 고객과의 관계를 밀접하게 할 수 있는지를 고민한 흔적이 많이 보인다.

나이키 라이즈에 이어 나이키는 나이키 스타일이라는 프리미엄 스토어를 열었다. 그런데 그 장소 역시 대한민국의 핫플레이스인 서울의 홍대였다. 나이키가 새로운 오프라인 직영점을 구체화함에 있어 서울이라는 도시를 선호하는 이유는 온·오프라인 네트워크가 완벽하다는 장점과 더불어 한국이라는 시장이 갖고 있는 스포츠 문화적인 차별점에 기인한다. 농구나 축구와 같은 스포츠는 엘리트 중심으로 운영되지만 많은 시민이 운동이라는 면에서 요가, 필라테스, 러닝 등 다양한 스포츠 활동을 하고 있기 때문이다.

전체적으로 나이키의 오프라인 직영망 전략은 라이브, 라이즈, 스타일, NHI라는 스펙트럼으로 구성되어 있다. NHI는 'Must Visit'라는 상징적인 타이틀을 가지려고 하는 것으로 보이고, 라이브는 가장 가까운 나의 가게, 라이즈는 좀 더 디지털과 스포츠 그 자체에 집중하는 노력, 그리고 스타일은 문화적으로 가장 핫한 스토어 이미지를 가져가려 하는 것으로 보인다. 현재 숫자로 보면 아직은 기존의 간접 유통망늘의 빈자리를 모두 채우기에 나이키의 노력은 충분해 보이지 않는다. 그것은 아마도 오프라인 매장이 갖는 높은 운영비용이 그 첫 번째 이유일 것이고, 두 번째는 나이키가 디지털이라는 새로운 직영망을 통해 보다 많은 매출을 올리려 노력하기 때문일지도 모른다.

디지털 새로운 직영망, 나이키의 앱들

나이키가 '고객 접점 확대 전략Consumer Direct Acceleration, CDA'을 천명하면서 가장 중점을 둔 행동은 나이키의 모바일 앱 패밀리들을 강화하는 일이었을 것이다. D2C라는 변화를 오프라인 직영망 중심의 변화로 한정하게 되면 분명 잃어야 하는 것이 있기 때문이다. 간접 유통망이라는 가장 저렴하며 편리한 유통망을 버리고 가장 비싸고 손이 많이 가는 오프라인 직영망으로 변해간다는 것은 미래를 위해 손익을 희생한다고 선언하는 것과 같다. 하지만 나이키의 다이렉트 중심의 변화 선택을 시장이 환영한 이유는 나이키가 모바일 앱이라는 모바일 영역에서 의외로 잘하고 있기 때문이다.

생각해보면 자신만의 상품으로 앱을 잘 유지하고 있는 브랜드를 찾아보는 것이 쉽지 않다. 스마트폰에 설치된 앱들만 보아도 대부분이 플랫폼 앱이지 브랜드 앱을 찾아보기 힘들다. 그만큼 하나의 브랜드로 스마트폰 사용자의 선택을 받는 것은 어려운 일이다. 그러기에 나이키의 모바일 앱에 기울인 노력은 칭찬받아 마땅하다. 그리고 그 노력의 과정에서 나이키가 모바일 전략으로 선택한 키워드들을 보면 그 성공이 치밀한 전략에 근거했다는 사실을 알 수 있다.

퍼스트First, 익스클루시브Exclusive, 리저브드Reserved로 대표되는 전략 키워드들은 나이키가 모바일 중심으로 시장을 경영하겠다는 의지를 잘 표현해준다. 퍼스트는 새로운 제품을 모바일에서 먼저 선보이겠다는 것이고, 익스클루시브는 모바일에서만 살 수 있는 상

2부. 비즈니스 모델 성공의 3가지 조건

품이 많아질 것이라는 메시지다. 마지막으로 리저브드는 모바일에는 그래도 충분한 재고를 유지하겠다는 약속이다. 흡사 가진 모든 것을 모바일에 차별적으로 적용하겠다는 의지로 보인다. 이 메시지를 간접 유통망 입장에서 읽어보면 그들에게는 인기 제품을 충분하게 공급하지 않겠다는 의지로 보인다.

나이키는 현재 나이키 앱Nike App, NTCNike Training Club, NRCNike Run Club, 그리고 SNKRS라는 네 개의 앱을 제공하고 있다. 여기의 중심은 나이키 앱이고 이는 국가에 따라 모바일 웹 서비스인 m.nike.com으로 제공되기도 한다. 나이키 앱이 43개 국가, SNKRS가 22개 국가, NRC와 NTC는 나이키 서비스 전체 국가로 추측되는 93개 국가에서 서비스되고 있다. 무료로 제공되는 트레이닝과 러닝 서비스를 제공하는 앱인 NTC와 NRC가 거의 전 세계에 론칭한 것에 비해 커머스는 아직 그 반에 머무르고 있다. 디지털 서비스의 제공과 실제 물류를 동반한 커머스 서비스의 제공은 다르기 때문이기도 하지만 상대적으로 디지털 서비스 제공에 국경이 의미가 없기 때문이기도 하다.

D2C에서 모바일 앱을 운영하는 목적은 고객을 획득하고 유지하고 이를 판매로 연결하는 것이다. 이를 위해 나이키는 앱들에 나름의 역할들을 부여하고 있다. 즉 나이키 앱 패밀리 중 가장 많은 다운로드를 담당하는 앱은 역시 나이키 앱이다.* 하지만 다운로드는 냉정하게 평가하면 고객 획득이기는 하지만 고객 유지를 보장

나이키는 고객관계의 변화를 위해 다양한 적들과 싸울 준비를 하고 있다

하는 것은 아니다. 하지만 여기에 나이키는 세 개의 강력한 고객관리 도구를 갖고 있다. 바로 NTC와 NRC, 그리고 SNKRS이다. 각각 트레이닝, 러닝, 그리고 수집이라는 다른 목적을 갖고 있지만 세 개의 앱 모두 고객을 확보하고 유지시키는 역할을 담당한다. 나이키 모바일 앱의 전체적인 구조는 교과서적이다. 각각의 역할이 분명하고 각각의 영역에서 시장을 리딩하는 위치를 점하고 있기에 현재의 성과를 만들어낸 것이다.

나이키의 직영망 중심으로의 변화 시도를 비즈니스 모델의 변

---

* 2023년 8월 한 달 동안 나이키의 네 개의 앱은 총 300만 번의 다운로드를 기록했고 그중 200만 회를 나이키 앱이 담당했다.

경 시도로 해석하는 이유는 그 변화가 입체적으로 기업 차원에서 이뤄졌기 때문이다. 먼저 리더십이 디지털 경험자로 바뀌었고 유통망은 간접망을 줄이고 직영망을 강화하는 방향으로 바뀌었다. 모바일 앱이 고객관계 전략의 핵심이 되었고 조직도 고객 중심으로 변화를 시도하고 있다. 나이키가 제공하는 가치는 바뀌지 않았고 제품을 팔아 수익을 올리는 수익공식 역시 바뀌지 않았다. 하지만 고객관계라는 맥락에서 나이키는 모든 것을 바꿔나가려 하고 있기에 그 변화의 귀추가 주목되는 것이다. 이제 나이키는 동일한 고객을 두고 다양한 적들과 싸울 준비를 거의 마쳐가고 있기 때문이다.

콘텐츠 산업에서의 비즈니스 모델 전쟁

2024년 1월 《포춘》지에는 다음과 같은 기사가 실렸다. "스트리밍 전쟁은 공식적으로 끝났다." 우리가 알고 있는 넷플릭스와 디즈니로 대표되는 레거시 스튜디오들 간의 경쟁이 넷플릭스의 승리로 끝났다는 내용이다. 이 판단의 근거는 넷플릭스와의 경쟁을 선언했던 레거시 스튜디오들이 자신의 콘텐츠들을 다시 넷플릭스에게 제공하기 시작했기 때문이다. 콘텐츠 산업은 비즈니스 모델 설계라는 관점에서 가장 배울 점이 많은 산업이다. 신생 넷플릭스가 시작했고 기존의 제왕 디즈니가 맞받아쳤던 OTT 전쟁은 다름 아닌 비즈니스 모델 전쟁이었기 때문이다.

| 넷플릭스는 스티리밍 플랫폼 전쟁에서 승리했다.

By PAOLO CONFINO
January 7, 2024 at 08:00 PM GMT+9

How did Netflix 'win the streaming wars' while being criticized for becoming 'unwatchable'? It could all be explained by the concept of 'platform decay'

Earlier this week an influential media analyst declared Netflix had officially won the streaming wars. Matthew Belloni, an entertainment journalist and founder of the news startup Puck, posted an image to X of his Netflix homepage that encapsulated the current state of streaming.

"ALL of the Netflix Top io movies right now are licensed from legacy studios, and nine are from studios with their own streaming services (including four recent hits from Warner Bros.)," Belloni wrote.

"The Streaming Wars are officially over."

콘텐츠 산업에 새로운 비즈니스 모델의 등장

콘텐츠 비즈니스는 아주 오래된 역사를 갖고 있다. 영화를 대표로 하는 콘텐츠 산업은 대표적인 흥행 비즈니스였다. 일정 수준의 수익률을 유지하는 비즈니스가 아니라 하나하나의 영화가 기획되고 제작되어 박스 오피스에서 각각의 결과를 만들어내는 방식이었다. 모든 영화가 일정한 수준의 수익률을 보장할 수 없기에 이를 흥행 비즈니스라 불렀다. 작은 예산의 영화들이 극장을 채우면서 평균의 수익을 유지하려 노력했다면, 블록버스터 영화들은 일정 수준의 보장된 높은 수익을 창출하는 것이 일반적 수익공식이었다. 우리는 이를 텐트폴Tent Pole 전략이라 불렀다. 마치 텐트처럼 생긴 그래프가 그려졌기 때문이다. 즉 영화라는 비즈니스의 수익공식은 예측할 수 없는 흥행이라는 변수를 통제하는 것이 가장 중요했다. 이때 콘텐츠 산업의 제왕인 디즈니는 블록버스터라 불릴 수 있는 스타워즈, 마블, 픽사 등의 콘텐츠들을 다수 갖고 있었기에 제왕으로 불리고 있었다.

그런데 2012년 넷플릭스는 기존과는 다른 비즈니스 모델을 들고 나타났다. 한 달에 일정 금액을 지불하고 넷플릭스가 제공하는 모든 콘텐츠를 무제한으로 시청하는 모델이었다. 이 비즈니스 모델은 기존 사업자들에게 크게 신선하지는 않았다. 인터넷이 일반화되고 VOD_{Video on Demand}라는 주문형 비디오라고 할 수 있는 모델은 이미 세상에 존재했고 레거시 스튜디오들은 한데 모여 2007년부터 훌루_{Hulu}라는 서비스를 제공하고 있었기 때문이다. 그들 생각에 VOD라는 서비스는 현재의 흥행 비즈니스 모델을 보충해주는 일종의 보완재에 불과했다. 이때 넷플릭스는 VOD라는 비즈니스 모델에 모든 것을 걸기 시작한다.

그 시작점은 디즈니에게 유료 TV에 대한 독점 라이선스를 요청한 때로 볼 수 있다. 금액은 정확히 공개되지 않았지만 계약금액은 3억 달러로 추정되었다. 넷플릭스는 2007년에 스트리밍 서비스를 시작했지만 2012년까지 대형 콘텐츠의 부족으로 큰 성공을 만들지는 못하고 있었기에 디즈니의 콘텐츠가 무엇보다 절실했다. 디즈니 입장에서 넷플릭스와의 라이선스 계약은 너무도 달콤했다. 그런데

2부. 비즈니스 모델 성공의 3가지 조건

2013년을 기점으로 넷플릭스의 가입자가 급격히 성장하여 2017년 넷플릭스의 가입자 1억 명을 목전에 두게 되자 상황이 급변한다. 2017년 디즈니는 넷플릭스와의 결별을 선언하고 디즈니플러스의 론칭을 통해 OTT 시장에의 참전을 발표한다. 2019년 디즈니플러스가 세상에 등장하고 넷플릭스와 디즈니플러스 간의 경쟁이 시작된 것이다. 이 짧은 스토리는 OTT라는 새로운 비즈니스 모델을 둘러싼 신규 사업자와 기존 사업자 간 경쟁의 이야기다.

넷플릭스의 비즈니스 모델은 기존에 존재했던 콘텐츠 비즈니스와는 완전히 다른 새로운 비즈니스 모델이었다. 콘텐츠를 제공한다는 면에서는 동일했지만 시간, 장소, 콘텐츠의 양이라는 모든 면에 한정되었던 기존과는 완전히 다른 가치제안을 제시한다. 일반적으로 넷플릭스를 표현할 때 OTT라는 용어를 쓰지만 넷플릭스가 제공한 가치는 기존의 셋톱박스를 거치지 않는다는 기술적 차별성이 아니라 시간과 장소를 제한하지 않는 무제한 시청에 있었다. 하나의 콘텐츠에 수천억의 제작비를 투입하고 박스 오피스에서의 흥행 수익을 기대하던 기존의 수익공식과는 달리 넷플릭스는 수만 시간의 콘텐츠를 모아 가입자에게 무제한으로 제공하고 월정액이라는 안정적 수익을 확보하는 완전히 다른 접근을 선택했다. 아울러 콘텐츠 산업이 가지지 못했던 고객과의 관계를 만들어냄으로써 데이터 기반의 콘텐츠 제작과 소싱이라는 차원이 다른 사업 구조를 가지게 되었다.

넷플릭스의 가입자는 2018년 1억 명을 넘어섰고 디즈니플러스가 출시된 2019년에는 2억 명을 넘어서게 된다. 재무 측면에서 현금 흐름도 흑자로 돌아섰고 매년 5조 원이 넘는 이익을 내는 기업이 된다. 넷플릭스는 새로운 비즈니스 모델이 단순히 혁신적일 뿐만 아니라 안정적 수익 역시 만들어낸다는 사실을 증명해낸 것이다. 이를 통해 콘텐츠 산업의 중심 비즈니스 모델이 흥행에서 구독형 모델로 바뀌게 된다. 디즈니를 비롯한 거의 모든 레거시 스튜디오들이 이 비즈니스 모델을 따라 하기 시작하면서 이는 더 확실해진다. 넷플릭스는 새로운 비즈니스 모델을 선보였고 디즈니를 비롯한 HBO, 워너브라더스, NBC 등 기존의 콘텐츠 강자들은 모두 이 새로운 비즈니스 모델을 복사했고, 이를 통해 콘텐츠 산업에서는 OTT라는 새로운 비즈니스 모델을 둘러싼 전쟁이 시작된 것이다.

그런데 2024년 세상은 모두 이 전쟁이 끝났음을 알게 됐다. 이 전쟁에 참전했던 레거시 스튜디오들이 다시 넷플릭스와 라이선스 계약을 체결하기 시작했기 때문이다. 이 계약은 일종의 항복 선언과 같았다. 물론 여기에는 디즈니도 포함되어 있었다. 비록 디즈니가 자신의 핵심 콘텐츠인 스타워즈, 마블, 픽사 등은 라이선스 계약에 포함시키지 않았지만 여전히 항복기를 들고 있는 것은 마찬가지였다.

넷플릭스가 비즈니스 모델 경쟁에서 승리한 이유

이 새로운 콘텐츠 비즈니스 모델 전쟁에서 넷플릭스가 승리한 이유는 무엇일까?

첫째, 역시 선발주자의 이점이 가장 컸을 것이다. 경쟁자들이 시장에 진입했을 때 넷플릭스는 이미 2억 명이라는 가입자를 갖고 있었고, 이를 통해 매달 200억 달러라는 현금이 들어오고 있었다. 전쟁에서 보급만큼 중요한 것이 없다. 하지만 더 중요한 것은 2억 명이라는 가입자를 기반으로 이뤄지는 리딩 브랜드라는 이미지다. 아무리 많은 콘텐츠를 쏟아 넣어도 단기간에 넷플릭스의 규모를 따라잡는 것이 힘들었다. 여기에 가입자와 가입자들의 시청 행태 기반의 데이터가 중요한 역할을 한다. 데이터 기반의 의사결정들이 세부적인 전투에서의 승리를 만들어냈을 것이다. 〈오징어 게임〉과 같은 한국 콘텐츠가 넷플릭스의 효자 콘텐츠가 된 것은 우연은 아니었을 것이다. 흥행이라는 불안정한 사업을 여전히 갖고 있었던 경쟁자들 대비 넷플릭스가 만들어낸 비즈니스 모델의 안정성은 비교가 불가능했다.

둘째, 새로이 만들어진 비즈니스 모델의 가치제안을 넷플릭스의 경쟁자들은 제대로 이해하지 못했다. 넷플릭스가 만들어낸 새로운 비즈니스 모델을 비유하자면 호텔 뷔페와 유사하다. 호텔 뷔페가 유명해지고 손님들로 가득 차기 위해서는 제공되는 전체 음식의 수준과 양이 충분히 훌륭해야 한다. 미슐랭 스타급의 요리로 뷔페를 운영할 수는 없다는 것을 넷플릭스는 알고 있었기에 다양하면서 일정 수준 이상의 콘텐츠들이 소싱 제공되었다. 반면 기존의 레거시 스튜디오들은 자기 나름의 히트 메뉴를 가진 전문 식당들이었다. 새로이 등장한 넷플릭스의 가치제안이 시장에서 높은 호응을 얻고 있기에 동일한 비즈니스 모델로 전환을 하기는 했지만 그 뷔페 식당의 핵심은 여전히 자신이 이전에 제공하던 식당의 히트 메뉴에 있었기에 뷔페 식당으로서의 가치를 충분히 만들어내지 못한 것이다. 실적 부진으로 하차했던 디즈니의 전 CEO 밥 차펙_{Bob Chapek}이 디즈니의 지향점이 스토리텔링 플랫폼이라고 말한 것을 보면 이 모습이 분명해 보인다. 손님들은 뷔페식당에서 다양성을 찾지 스토리를 찾지는 않으니 말이다. 역설적이지만 넷플릭스가 만들어낸 가치제안을 경쟁자들은 제대로 구현해내지 못한 것이다.

셋째, 넷플릭스가 월정액 무제한 시청이라는 가치제안에 어울리는 수익공식을 갖고 있었다면 경쟁자들은 그렇지 못했다. 이 수익공식의 가장 핵심은 얼마나 많은 예산을 콘텐츠 소싱에 투자할 것인가를 결정하는 것이었다. 콘텐츠 소싱과 제작에 투자된 금액이 충분해야 기존 가입자를 유지시키면서 새로운 가입자를 끌어들일 수 있기 때문이다. 넷플릭스는 2019년 넷플릭스의 매출이 201억 달러일 때 콘텐츠 투자액은 145억 달러로 영업을 통한 현금 유출이 29억 달러까지 증가하지만 콘텐츠 투자를 늦추지 않았다. 즉 월정액 무제한 시청이라는 가치제안을 매력적으로 만들기 위해 지속적인 투자가 이뤄져야 한다는 것을 알고 있었던 것이다. 비록 현재는 수익률이 낮지만 가입자가 일정 규모를 넘어서면 높은 수익이 창출되는 디지털 콘텐츠 산업의 특성을 잘 이해한 것이다. 반면 디즈니를 비롯한 신규 진입자들은 기존에 집행해오던 콘텐츠 투자와 신규 비즈니스 모델을 위한 신규 투지를 분리할 여력도 없었기에 이들이 제공하는 콘텐츠가 넷플릭스의 그것보다 매력적일 수는 없었다.

OTT라는 새로운 비즈니스 모델을 둘러싼 경쟁은 결국 넷플릭스의 승리로 귀결된 듯하다. 그리고 그 승리의 이유는 넷플릭스의 비즈니스 모델 설계가 경쟁자 대비 완성도가 높았기 때문이다. 콘텐츠 산업이 비즈니스 모델 경쟁의 대표적인 사례인 것은 넷플릭스가 그 누구보다 비즈니스 모델을 잘 설계했고 운영했기 때문이다. 다시 생각해도 이 승리의 가장 큰 이유는 넷플릭스의 경쟁자들이 OTT라는 새로운 비즈니스 모델을 잘 이해하지 못했기 때문이다.

테슬라는 왜
로보택시를 하려 할까?

테슬라는 2024년 8월 8일에 로보택시를 공개하겠다고 발표했다.* 로보택시란 운전자가 없는 완전한 자율주행 택시를 의미하므로 기술적으로 테슬라의 FSD~Full Self Driving~가 완성 단계에 이르렀다는 것을 의미한다. 로보택시는 기술적으로 설명하면 운전대~Steering Wheel~와 가속·감속 페달이 없는 차량을 의미한다. 겉보기에 자동차를 제조하는 기업이 새로운 차량 출시를 발표한 것으로 보이지만 같은 날 테슬라는 또 다른 계획을 공개한다. 테슬라의 CEO 일론 머

---

* 이 발표는 이후 10월 10일로 연기되었고 캘리포니아 워너브라더스 스튜디오에서 20대의 사이버캡~Cybercab~의 주행을 선보였다.

테슬라는 로보택시를 공개하면서 플랫폼 비즈니스로의 변화를 예고했다

스크Elon Musk가 테슬라의 비즈니스 모델의 변경을 선언한 것이다. 바로 '사이버캡'이라는 이름으로 로보택시 비즈니스를 테슬라가 직접 운영할 것이라고 밝혔기 때문이다. 이는 자동차 제조라는 기존의 가치사슬 비즈니스 모델에서 모빌리티 플랫폼 비즈니스 모델로의 변경을 의미한다. 우버가 지배하고 있는 '이동'이라는 영역에서 새로운 공유 플랫폼의 등장을 선언한 것이다.

테슬라는 왜 이런 선택을 했을까? 피상적으로 보면 소비자들의 전기차 수용 속도가 충분히 빠르지 않다는 현실 시장의 문제가 가장 커 보인다. 전기차 충전시설 확장 속도나 안전의 문제 등 전기차의 확산을 가로막고 있는 문제들로 인해 테슬라의 앞으로의 성장이 제한되리라는 예측이 많은 것도 사실이다. 하지만 조금 더 들어가 보면 테슬라가 자신의 비즈니스 모델에 대해 보다 근본적인 고민을 시작했다고 보는 것이 맞을 것이다.

바로 자동차 제조업이 갖고 있는 성장의 한계를 느낀 것이 아닐까 한다. 테슬라는 2023년 전 세계에 180만 대의 자동차를 판매했다. 자동차 제조와 판매를 통해 968억 달러의 수익을 얻었지만 이 실적이 다음 해의 실적을 보장하지는 못한다. 반면 모빌리티 플랫폼이라는 영역에서 우버는 압도적인 지배력을 갖고 있다. 이 플랫폼을 통해 우버는 2023년 94.5억 회의 이동 서비스를 제공했으니 이동이라는 영역에서 제조라는 역할만을 담당하고 있는 테슬라로서는 우버의 지위가 탐이 났을 것이다. 비록 현재 우버의 기업가치는 1,332억 달러, 테슬라는 5,622억 달러로 4배가 넘는 차이를 보이고 있지만 성장잠재력 면에서 보면 우버의 성장 가능성이 더 커 보이기 때문이다.

여기에 또 다른 하나의 요소가 테슬라의 비즈니스 모델 변경을 자극했을 것이다. 언젠가 자율주행이 완성되는 순간 이동을 둘러싼 게임은 완전히 다른 양상이 될 것이라는 판단이다. 미래 자율주행이 완성되면 우리의 이동 생활이 어떻게 될지 상상해보고 그 장면에서 어떤 비즈니스 모델이 작동하는지를 그려보면 테슬라의 고민이 이해된다. 만약 테슬라가 현재의 자동차 제조업에 한정하여 제조 기술을 발전시키고 2만 달러대의 자율주행 로보택시를 만들어 낸다 하더라도 그 장면에서의 승자는 우버가 될 가능성이 높다. 우버가 모든 이동 서비스를 제공하고 테슬라는 우버에게 자동차를 공급할 가능성이 높다. 전 세계 거의 모든 도시에서 이동 플랫폼을 운영하는 우버가 자신의 플랫폼에 테슬라의 자율주행 차량을 구입하여 투입하는 깃은 아주 쉬운 선택이기 때문이다. 그래서 일론 머스크는 사명을 테슬라 모터스에서 테슬라로 변경했던 2017년의 선택에서 한 걸음 더 나아가 플랫폼 사업을 직접 수행하겠다는 의지를 밝힌 것이다.

그렇다면 테슬라는 어떻게 플랫폼을 만들어낼 수 있을까? 일론 머스크는 "에어비앤비와 우버의 결합 형태로, 테슬라가 직접 운영할 것"이라고 밝혔는데 이는 정확히 플랫폼 비즈니스 모델을 의미한다. 이미 잘 알듯이 에어비앤비는 숙박 공유 플랫폼, 우버는 승차 공유 플랫폼이다. 서비스 제공 면에서 보면 이동을 편리하게 한다는 측면에서 앱을 통한 차량의 호출, 최적 경로의 이동, 비대면 결제, 탑승 평가 등의 서비스가 필요하다. 하지만 여기에 공유라는 단어가 추가되는 순간 플랫폼으로 진화한다. 플랫폼의 공급이 운영자가 아닌 참여자에 의해 자발적으로 이뤄지는 순간 플랫폼의 효율은 극대화된다. 에어비앤비의 호스트나 우버 기사의 등장으로 플랫폼의 공급이 늘어났기에 공유경제 플랫폼은 성공할 수 있었다. 그래서 테슬라는 테슬라 차주들이 자신의 차량으로 로보택시 플랫폼에 참여할 수 있게 하겠다는 계획을 이야기한다. 평소라면 주차장에 있을 나의 테슬라가 로보택시가 되어 나에게 수익을 주는 미래를 테슬라는 제시하는 것이다.

테슬라에 대한 팬덤을 감안하면 현재 테슬라의 차주들이 테슬라의 로보택시 플랫폼에 참여를 고려할 가능성은 높다. 모든 것이 계획대로 흘러간다면 말이다. 하지만 자동차 제조기업으로 테슬라가 갖고 있는 플랫폼 자산은 그다지 많지 않다. 아직은 자율주행을 경험해보지 못한 소비자와 자신의 차량을 로보택시로 제공할지 알 수 없는 공급자 시장을 어떻게 만들어갈 것인가가 테슬라 플랫폼의 숙제이다.

테슬라의 소비자 전략

양면시장 가운데 먼저 소비자 시장을 살펴보자. 우버는 이미 2023년 94.5억 회의 이동 서비스를 제공했으니 이동을 원하는 소비자 시장은 이미 충분한 규모를 갖고 있다. 그런데 소비자들이 언제쯤 운전자가 없는 로보택시를 받아들일 것인가가 관건이다. GM의 자율주행 자회사 크루즈는 2022년부터 미국 샌프란시스코 등(애리조나주 피닉스, 텍사스주 휴스턴, 오스틴, 댈러스)에서 무인 로보택시 서비스를 시작했지만 2023년 10월 사고가 나면서 운행을 중단한 상태이다. 한 보행자가 다른 차량에 치인 뒤 옆 차선의 크루즈 차량으로 튕겨 나갔는데, 크루즈의 무인 자율주행 차량이 상황을 부정확하게 인식해서 보행자를 약 6미터 끌고 가는 사고가 발생했다. 불행히도 보행자가 사망하면서 사건의 여파는 커졌고 GM의 자율주행 테스트는 멈췄다.

최근 한국에서 벌어진 벤츠 전기차의 화재 문제도 동일하게 전기차, 특히 로보택시의 자율주행에 대한 불신을 만들어낼 수 있을 것이다. 차량 화재라는 면에서 내연기관차와 전기차의 비율은 비슷하지만 화재를 진화하기 힘들다는 면에서 전기차의 위험성은 훨씬 더 크고 그 파급 영향도 크다. 전기차의 지하 주차장 진입을 불허하자는 움직임이 있는 것만으로도 전기차 확산을 지연시키기에 충분한 소재가 될 것이다. 즉 이러한 사고는 소비자들의 로보택시 선택을 주저하게 할 것이고 GM의 경우처럼 사고의 주체가 꼭 테슬라가 아닐 수도 있기에 테슬라 자율주행의 문제가 아닌 자율주행 산업 전체의 문제로 보아야 한다.

이런 이유로 테슬라는 자율주행 소프트웨어의 기술적 완성도를 높이는 동시에 보다 많은 사람이 자율주행을 경험해보고 향후 쉽게 자율주행 택시를 받아들일 수 있도록 애쓰고 있다. 테슬라는 1만 2,000달러에 판매하던 자율주행 시스템 FSD를 2021년부터 월 199달러의 구독형 모델로 판매하기 시작했고, 2024년 4월에는 판매가 8,000달러, 구독료 99달러로 가격을 인하했다. 또 테슬라의 모든 고객을 대상으로 한 달간 FSD 무료 체험을 실시하기도 했다. 체험 이벤트 실시 후에 FSD 사용을 결정한 소비자의 숫자가 만족스러운 수준은 아니지만 테슬라는 지속적으로 소비자의 경험을 유도할 것으로 보인다.

자율주행 로보택시가 갖는 가장 큰 강점은 이동비용이 저렴하다는 데 있다. 기사의 노동비용이 필요 없기 때문이다. 우버의 CEO 다라 코스로샤히는 현재 우버의 마일당 요금이 2.5달러라면 로보택시의 요금은 마일당 1달러 남짓이 될 것이라 추정했다. 현실적으로 이동비용이 60%나 하락한다면 소비자의 수용도는 분명 올라갈 것이다. 기사와의 접촉이 없고 거의 모든 차량 내 서비스가 개인화된 로보택시의 서비스 품질은 현재 기사를 중심으로 제공되는 일관되지 않은 서비스와는 달리 고품질일 가능성이 높다. 따라서 로보택시의 저가 고품질 이동 서비스는 분명 이동 시장의 대안이 될 것이다. 단지 시간이 얼마나 걸릴 것인가의 문제이다. 그래서 일론 머스크는 로보택시 발표의 마지막을 다음과 같이 맺고 있다.

"심지어 제가 내일 외계인에게 납치된다 하더라도 테슬라는 자율주행 문제를 해결할 것입니다. 조금 더 시간이 걸릴 수는 있지만, 적어도 차량 자율주행 문제는 해결될 것입니다."[*]

---

[*] "I think no matter what, even if I got kidnapped by aliens tomorrow, Tesla will solve autonomy, maybe a little slower, but it would solve autonomy for vehicles at least," Musk said.

테슬라의 공급자 전략

공급자 시장은 어떨까? 먼저 테슬라는 여러 측면에서 여타 자동차 제조사들과 다른 전략을 선택하고 있다. 가장 근본적인 차이는 고객과의 관계인데 딜러와 같은 중개인 없이 고객과 직접 상대한다. 모든 테슬라는 인터넷을 통해 연결되어 있기에 아직은 초기 단계이지만 테슬라 앱을 통한 고객과의 직접 접촉도 가능하다. 따라서 현재 테슬라의 차주들은 테슬라 플랫폼의 참여자가 될 가능성이 높다.

테슬라는 로보택시 사업을 직접 소유하면서 운용할 것이라고 했는데 초기 시장을 형성하는 단계에서 일정 수준의 공급을 직접 책임지겠다는 계획이다. 하지만 플랫폼으로 성장하기 위해서는 수많은 테슬라 소유주들이 자신의 테슬라를 로보택시 플랫폼에 제공하는 결정을 해야만 한다. 테슬라 소유의 로보택시만으로는 대형 법인택시 사업자에 불과하고 플랫폼이 갖는 네트워크 효과를 누릴 수 없기 때문이다.

여기서 공급 측면의 문제가 시작된다. 차를 빌려주는 것을 금기시하는 한국인에게 고가의 테슬라를 택시 영업을 위해 내보내는 결정은 쉽지 않기 때문이다. 물론 미국에서 테슬라의 가격은 4만 달러 수준이고 자신의 차를 다른 사람이 사용하게 한다는 것에 대해 한국보다는 너그러운 인식이 있는 것도 사실이다. 테슬라가 차량 소유자들이 좀 더 편한 마음으로 로보택시의 공급자로 나설 수 있도록, 내 차량을 내가 지정한 사람들에게만 공유하거나 평가 등급이 높은 고객에게만 공유하도록 설정할 수 있게 하겠다는 것은 이런 점을 고려한 서비스 설계이다.

아직 새로운 저가 전기차의 가격을 공개하지 않았지만 분명 경쟁력 있는 숫자가 제시되어야 할 것이다. 왜냐하면 로보택시가 본격적으로 생산되어 공급되기 전에 보급형 모델3와 Y를 향후 로보택시 플랫폼의 주요 공급원으로 활용해야 하기 때문이다.

물론 2023년 기준 1.5억 명이라는 월간 사용자와 미국에서만 150만 명, 전 세계에서 650만 명을 넘어서는 운전자를 확보하고 있는 우버와 경쟁하기 위해서는 더 강력한 유인이 필요할 것이다. 테슬라 오너들이 자신의 차량을 플랫폼에 제공하는 속도를 높이기 위해 테슬라는 명확한 소득 보장 혹은 보조금 지급을 고려할 수도 있을 것이다. 테슬라는 이번 발표에서 로보택시의 가격을 3만 달러 이하가 될 것이라 발표했지만 이 가격은 다양한 프로그램을 통해 좀 더 하락할 것으로 보인다. 로보택시가 1년간 벌어들일 수 있는 예상 수익 3만 달러 중 사용자 배분이 1만 달러이고 테슬라의 공급 가격이 FSD를 포함할 경우 4만 달러 이하라면 3년 내에 거의 무료로 테슬라를 가질 수 있는 아주 매력적인 리스 프로그램이 가능할 것이다.

이처럼 테슬라가 로보택시 플랫폼으로서 성공하기 위해서는 테슬라 소유주에게 충분한 소득 보장 프로그램을 제공할 수 있어야 한다는 것과 우버라는 인간이 운전하는 상대적으로 안전한 대안과 경쟁해야 한다는 것, 소비자가 안전을 이유로 자율주행 로보택시를 받아들이는 데 시간이 걸릴 것이라는 높은 허들들을 뛰어넘어야 한다. 그 때문에 테슬라는 한동안 꽤 많은 투자를 해야 할 것이다. 많은 플랫폼 기업들이 양면시장을 성상시키기 위해 꽤 오랜 기간 적자를 감수하고 엄청난 투자를 해온 것을 고려해볼 때 이미 자율주행 기술 개발에 엄청난 투자를 해온 테슬라가 감당할 수 있을지는 미지수이다. 하지만 테슬라는 단순한 신차 발표가 아닌 비즈니스 모델의 변경이라는 큰 선택을 한 것이기에 당분간 플랫폼 성립을 위한 양면시장의 성장을 위한 투자를 지속할 것으로 보인다.

테슬라 비즈니스 모델의 변경

테슬라의 이동 플랫폼 참전 선언은 제조기업의 플랫폼 진입 선언이기에 큰 의미가 있다. 우리는 향후 현대자동차, 삼성전자 등의 플랫폼 선언을 볼 수 있을지도 모른다. 이는 단순한 사업 전략의 변경이 아니라 비즈니스 모델의 변경이기에 제공하는 가치제안, 고객관계, 수익공식 전체에 영향을 미칠 것이다. 과거와 같이 상품을 제조하여 판매하는 모델에서 서비스를 제공하는 가치가 달라질 것이고 이제는 고객과 리얼타임으로 커뮤니케이션해야 하는 아주 밀접한 관계로 바뀌게 될 것이다. 수익공식은 과거와는 완전히 다른 사용료 기반으로 변경되어 이전과는 완전히 다른 현금흐름을 고민해야 할 것이다. 물론 이러한 고민을 하기 위해서는 플랫폼으로 성공이라는 가장 높은 허들을 넘어야 할 것이지만 말이다.

고객관계에 집중한
룰루레몬의 비즈니스 모델

　　룰루레몬Lululemon은 피트니스계의 샤넬이라 일컬어지는 요가복 브랜드이다. 창업 초기부터 룰루레몬은 단순히 요가복을 만들어 유통망을 통해 판매하는 비즈니스 모델을 선택하지 않았다. 수많은 브랜드가 그런 선택을 했지만 룰루레몬은 다른 길을 선택했다. 단순히 좋은 제품을 만드는 것만으로는 나이키나 아디다스와 같은 대기업들이 장악하고 있는 스포츠웨어 시장을 진입하는 것이 어려웠기 때문이다. 룰루레몬이 선택한 시장에는 나이키라는 거대 공룡이 존재했고 제조업의 특성상 나이키와 다른 가치제안이나 수익공식을 만들어내는 것은 쉽지 않은 일이었다. 그래서 룰루레몬은 비즈니스 모델을 설계하면서 고객관계에 집중했다. 고객과의 관계를 경쟁자와는 다르게 설정하려 노력한 것이다. 비즈니스 모델 설계의 마지막 블록인 '고객관계'를 가장 소중히 여긴 사례가 바로 룰루레몬이다.

룰루레몬의 커뮤니티 전략

먼저 룰루레몬은 간접 유통망을 통해 자신의 제품을 판매하지 않았다. 비즈니스 모델 설계 단계에서부터 직영망을 고집한 것이다. 직영망이라는 완벽히 통제 가능한 채널을 통해 고객을 만났기에 룰루레몬이 지향하는 수준의 서비스 품질을 유지할 수 있었다. 기업의 서비스 품질은 고객 접점을 담당하는 직원들의 수준과 마인드에 따라 결정된다. 룰루레몬은 매장 직원들을 에듀케이터라 부르는데 단순히 레깅스를 판매하는 직원이 아니라 운동에 대한 지식을 제공하는 전문가로 포지셔닝하고 있는 것이다. 이러한 룰루레몬의 직영망 전략이 갖는 의미는 고객관계를 한 단계 높은 수준으로 올리려는 시도로 볼 수 있다.

일반적으로 매장 직원과 고객의 관계는 수직적이다. 고객은 위에 존재하고 매장 직원은 상품을 팔기 위해 고객을 응대하는 관계이다. 그런데 룰루레몬에서는 그 관계가 다소 다르다. 매장 직원은 내가 하려는 운동에 어떤 옷이 적합한지를 가르쳐주는 에듀케이터이기도 하다. 나이키가 직영망을 만들어가면서 플래그십 스토어에 고객 상담을 위한 엑스퍼트 스튜디오를 운영했던 것을, 룰루레몬에서는 모든 매장에서 기본 서비스로 제공하고 있는 것이다.

룰루레몬 매장을 방문하는 고객이 에듀케이터 명찰을 가진 직원을 찾으면서 룰루레몬과 고객의 관계는 시작된다. 즉 고객은 룰루레몬 매장에서 단순히 상품을 사는(또는 사지 않는) 네 그치는 것이 아니라 한 단계 밀착된 관계를 맺게 되는 것이다.

룰루레몬 고객관계 전략의 또 다른 핵심은 앰배서더이다. 룰루레몬의 홈페이지를 보면 앰배서더들은 스웻라이프를 통해 커뮤니티의 변화와 발전을 가져오는 데 영감이 될 수 있는 사람이라 말하고 있다. 먼저 앰배서더는 소수 정예로 운영된다. 아무나 원한다고 앰배서더가 될 수 없다는 뜻이다. 현재 한국에는 50여 명의 앰배서더가 활동하고 있고 이들의 역할은 브랜드 서포터로 이해하면 된다. 브랜드 서포터 50명은 모두 요가, 피트니스 헬스 전문가로 이들은 룰루레몬의 지원을 받아 적극적으로 활동한다. 룰루레몬이 개최하는 오프라인 매장이나 요가센터, 한강공원에서의 활동의 핵심은 이들 앰배서더들이다.

자전거를 타면서 '도싸'라는 커뮤니티에 가입해 활동한 적이 있었다. 도로사이클 동호회인데 이 커뮤니티가 잘 되는 이유는 자발적으로 커뮤니티를 돕는 운영진이 많기 때문이다. 초심자가 뒤에 처지면 누군가가 기다려주는데 모두 이 운영진들이다. 이들은 아무런

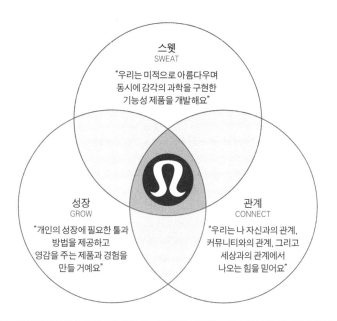

스웻
SWEAT
"우리는 미적으로 아름다우며
동시에 감각의 과학을 구현한
기능성 제품을 개발해요"

성장
GROW
"개인의 성장에 필요한 툴과
방법을 제공하고
영감을 주는 제품과 경험을
만들 거예요"

관계
CONNECT
"우리는 나 자신과의 관계,
커뮤니티와의 관계, 그리고
세상과의 관계에서
나오는 힘을 믿어요"

룰루레몬의 앰배서더는 운동을 통한 성장을 커뮤니티의 발전으로
연결하려는 철학을 담고 있다

대가 없이 회원들에게 도움을 주고 가르쳐주면서 보다 많은 사람들이 커뮤니티에 열정을 가질 수 있도록 하는 역할을 한다. 룰루레몬은 그런 앰배서더들을 지속적으로 육성하고 있는 것이다. 앰배서더에 선정되면 무료로 제품도 제공받고 신제품을 시착할 수 있는 기회도 받는다. 다양한 운동 프로그램 지원을 받을 수 있을 뿐만 아니라 글로벌 써밋에도 초대받는다고 하니 땀(스웻)을 사랑하는 사람이라면 누구나 룰루레몬의 앰배서더를 동경하고 선택받고 싶도록 설계했다. 생각해보면 어느 브랜드나 이런 서포터 그룹을 만들어 운

영할 수 있다. 하지만 이 영역에서의 최고들을 모아내는 것은 언제나 퍼스트 무버First Mover만이 가능하다. 물론 룰루레몬이 만들어내는 제품의 품질이 월등히 우월해야 하는 것은 기본이다. 피트니스나 요가 강사들에게 룰루레몬 앰배서더는 선망의 대상이고 이 자체가 룰루레몬이 타 브랜드 대비 얼마나 우월한지 보여주고 있는 것이다.

앰배서디라는 프로그램은 커뮤니티를 운영하는 운영진을 양성하면서 동시에 브랜드를 홍보하는 역할을 담당하고 있다. 룰루레몬 앰배서더는 지역사회에서 실제로 룰루레몬을 사용하고 룰루레몬의 브랜드 가치를 몸으로 실천하는 사람들로, 타 브랜드에서 단순히 홍보를 위해 유명인을 앰배서더로 선정하는 것과는 그 결을 달리한다. 물론 앰배서더들이 하는 또 다른 중요한 역할은 매 국가마다 다른 시장 특성을 상품에 반영하는 것일 터이다. 국가마다 다른 문화와 사고를 반영한 상품의 설계는 글로벌 사업자에게 무엇보다 중요하기 때문이다.

룰루레몬은 앰배서더에 추가적으로 스웻 컬렉티브라는 커뮤니티를 운영하고 있다. 스웻 컬렉티브는 스웻 리더들로 구성되는데 스웻 컬렉티브는 마치 앰배서더의 마이너리그로 느껴진다. 스웻 리더의 자격 요건은 현직 운동 강사, 스튜디오 운영장, 러닝클럽 운영자, 운동선수 등인데 선정되면 자신이 사용하는 목적으로 룰루레몬 상품을 25% 할인된 가격에 구매할 수 있다. 즉 운동을 전문으로 하는 사람들에게는 할인된 가격으로 룰루레몬을 주겠다는 뜻이다.

앰배서더만큼의 혜택은 아니지만 운동이라는 커뮤니티에서 목소리를 낼 수 있는 사람들을 모두 커뮤니티로 초대하고 있는 것이다.

이러한 룰루레몬의 비즈니스 모델은 초기부터 고객관계에 방점을 두고 설계되었다고 볼 수 있다. 나이키, 아디다스, 언더아머 등 수많은 브랜드가 넘쳐나는 시장에서 동일한 비즈니스 모델을 가지고 창의적인 광고와 디자인으로 경쟁을 하는 것은 아주 상식적이다. 하지만 이는 본질적인 차이를 만들지는 못한다. 룰루레몬은 비즈니스 모델 설계 차원에서 고객관계에 집중함으로써 시장의 리더들을 뛰어넘는 위치를 확보했다. 시장이 룰루레몬을 미래의 나이키로 칭송하는 이유는 바로 이 이유 때문이다. 물론 룰루레몬이 경쟁자 대비 높은 가격대를 유지할 수 있는 이유도 많은 부분 다르게 설계된 비즈니스 모델에 근거한다.

룰루레몬의 고객관계 설계는 새로이 제조업에 뛰어드는 많은 후발 사업자들의 모범이 되고 있다. 과거와 같이 유통망을 활용하여 상품을 판매하는 것이 미래가 밝지 않다는 것을 알기 때문이다. 그래서 이들은 사업 초기부터 고객관계 설계를 단순한 연결이 아닌 이해 단계로 올려 시작하고 있다. 고객관계의 설정에 있어서 최고의 단계는 신뢰의 단계이고 그 신뢰를 만들어내는 가장 이상적인 방법은 시장을 커뮤니티로 만드는 것이다. 현재 이 과정에 가장 앞서 있는 기업이 룰루레몬이다.

HOW TO CREATE BUSINESS MODEL

A SUCCESSFUL

비즈니스 모델 설계는 집 짓기처럼

전국이 창업의 열기로 가득 차 있다. 대학은 물론 중고등학교에서도 창업 관련 캠프가 열리고, 정부가 창업 지원을 위해 만들어놓은 각종 제도들이 창업을 부추긴다. 부추긴다는 말이 부정적으로 들릴 수도 있겠지만 정책의 의도를 생각하면 성공하고 있다고 볼 수 있다. 청년창업사관학교, 예비창업자 지원사업, 초기창업자 지원사업, TIPS, LIPS 등 창업자들은 지원제도 자체를 따로 공부해야 할 판이다. 그러다 보니 창업 지원 프로그램 선정을 도와주는 비즈니스도 생겨나고 있다. 심지어 이런 프로그램을 통해 정부 지원금을 받았음을 자랑하고 자신의 노하우를 판매하는 사람도 보았다. 창업 신드롬이 낳은 또 다른 직업인 심사위원들의 구미에 맞는 사업계획서 작성법을 돕는 과외 선생님이다. 지원사업에 선정되고 나면 또 다양한 교육이나 멘토링이 기다리고 있다. 지적재산권, 법률, 회계 등 전문적인 분야 외에도 비즈니스 모델에 대한 컨설팅이나 투자자를 설득하기 위한 IR 자료 작성 등 사업의 본질적인 부분과 관련된 컨설팅도 많이 이루어진다.

도움을 받는 것 자체가 잘못된 일은 아니다. 하지만 창업자의 고민의 시작이 어떻게 사업에 성공할 것인가가 아니라 어떻게 창업 지원사업에 선정될 것인가가 되어서는 안 될 것이다. 어쩌면 한국의 창업 지원 시스템은 초기부터 창업가 정신을 약화시키고 있는지도 모른다. 투자유치를 위한 IR 자료를 만들 경우에도 마찬가지다. IR 자료를 구성하는 기본 목차나 어떻게 각 페이지를 채울 것인지에 대한 노하우는 어디에나 널려 있다. 하지만 투자자를 어떻게 설득할 것인가보다 창업자 스스로가 설득될 만한 비즈니스 모델을 설계하는 것이 먼저다.

비즈니스 모델 설계는 진정한 의미에서 사업가가 거쳐야 할 가장 중요한 과정이다. 지금 창업을 준비하는 창업자가 정부의 지원금을 받기 위함이 아니라 자신에게, 나아가서는 세상에서 받아들여질 수 있는 비즈니스 모델을 설계하기 위한 필수적 요소만을 정리해보자. 이 글을 마감하면서 어떻게 비즈니스 모델 설계를 기억하는 것이 좋을까 하는 고민을 하다가 집 짓기라는 비유를 더해보았다.

기회를 찾아라(좋은 땅을 찾자)

우리가 집을 짓기 위해 가장 먼저 해야 할 일은 땅을 찾는 것이다. 장사의 개념으로는 길목을 찾는다는 표현이 맞을 것이다. 좋은 자리를 찾아내면 그 집은 오래도록 안정적인 환경을 제공하면서 동시에 많은 고객을 불러올 것이기 때문이다. 비즈니스 모델 설계에서 가장 첫 단계는 기회를 찾는 것이고 그 기회는 시장에 존재하는 문제를 찾아내는 일에서 시작된다. 이를 니즈라 표현하기도 하고 아픔이라 표현하기도 하지만 이를 풀어낸다는 의미에서 문제라는 표현을 쓰기로 하자.

시험에 길들여져 온 우리는 일단 문제가 주어지면 이를 풀어내는 데 익숙하다. 따라서 비즈니스 모델 설계의 시작점은 문제를 찾는 것이다. 이 문제를 찾기 위해서는 쉬운 방법이란 없다. 내가 대상으로 하는 산업, 시장에 들어가 어떤 문제가 있는지를 찾아내야 한다. 집을 짓기 위한 첫 단계로 땅을 찾기 위해서는 '임장'이라는 과정이 필요하다. 즉 수많은 곳을 직접 가보는 과정이 제일 중요하다. 인터넷으로, 전화로 좋은 땅을 찾아내는 것은 불가능하다. 즉 기회를 찾기 위해서는 직접 부딪쳐 보는 것이 가장 현명한 선택이다.

이 기회를 찾는 과정에서 가장 조심해야 하는 것은 공급자적 사고이다. 우리가 가치사슬 모델을 만들든, 플랫폼 모델을 만들든 우리는 무언가 새로운 상품이나 서비스를 시장에 공급하는 공급자의 위치에 서게 된다. 그런데 의외로 아주 많은 경우 나의 생각이 시장에서 나오는 것이 아니라 나의 머릿속에서 나오는 경우가 많다. 우리는 이를 '공급자적 사고'라 한다.

물론 내가 이 시장의 전문가이고 오랜 시간을 이 시장에서 사업을 해왔으니 내가 가장 잘 안다고 생각할 수도 있다. 하지만 이 역시 공급자인 나의 생각을 벗어나지 못한다. 따라서 기회를 찾는 가장 좋은 방법은 이야기를 듣는 것이다. 내가 생각하는 문제에 대해 다른 참여자들이 어떻게 생각하는지를 객관적 위치에서 지속적으로 듣는 것이 중요하다. 초기 창업자들을 만나보면 이 과정이 생략되거나 충분하지 않은 경우가 많다. 이런 경우 비즈니스 모델 설계의 출발부터 삐끗하게 된다. 잘못된 가정 위에 설계된 모델은 내 생각대로 굴러가지 않기 마련이다.

특히 기존 사업을 기반으로 시장에 접근할 경우 나의 사고는 공급자의 입장에 매몰될 가능성이 매우 높다. 이미 나에게는 아주 많은 제한이 존재하기 때문이다. 따라서 기회를 찾을 때는 열린 마음으로 기회를 탐문해보는 것이 좋다. 물론 너무 모호한 제언이라 생각할 수 있지만 나 혼자만의 생각으로 비즈니스 기회를 찾아낼 수 있는 가능성은 매우 적다. 이를 예방할 수 있는 방법은 파트너를 찾는 것이다. 파트너의 의미는 나의 지시를 수행하는 직원이 아니라 나와 동등한 입장에서 토론이 가능한 동반자를 의미한다. 회사 내에서 새로운 기회를 탐색한다면 가능한 다양한 인력으로 태스크 포스Task Force 팀을 만드는 것이 중요하다.

기회의 탐색은 결국 시장의 문제를 기반으로 하므로 문제를 인지하고 풀어내기 위해서는 그 문제에 대해 누구보다 전문가가 되어야 한다. 여기서 전문가라는 것은 학위나 자격증을 말하는 것도 아니고 그 시장을 경험한 시간을 의미하는 것도 아니다. 얼마나 목적 의식을 가지고 그 시장의 문제를 탐색했는가에 가깝다. 아무리 여러 번 가보아도 아무 생각 없이 눈에 들어오는 것들만 보다 온다면 좋은 땅을 찾을 수 없을 것이기 때문이다.

또 하나 명심해야 할 것은 문제는 구체적이고 명확하게 정의되어야 한다는 점이다. 문제를 두리뭉실하고 크게 정의하는 것이 사업의 성장성이나 매력도를 높여주지는 않는다. 오히려 작지만 분명하게 존재하는 시장의 문제에 대해 확실한 해결책을 제시함으로써 더 큰 시장으로 확장할 수 있는 기회를 얻을 수 있다.

문제를 풀어라(기초를 다지자)

집 짓기 위한 땅을 찾았으면 다음 단계는 기초를 다지는 일이다. 이러한 집 짓기의 기초 다지기가 비즈니스 모델 설계에서는 가치제안을 설계하는 일이다. 즉 시장의 문제를 이해했고 구체화했다면 이를 해결하는 솔루션을 제시하는 것이 가치제안의 설계이다.

기초가 단단해야 집이 튼튼하고 오래간다. 태풍이 와서 지붕이 날아가 버린다 해도 기초만 튼튼하다면 다시 집을 짓는 것이 가능하다. 그만큼 가치제안이 중요하고 가치제안만 튼튼하다면 그 비즈니스가 성공할 가능성은 매우 높다. 앞서 언급한 우버가 모든 역경을 가치제안 하나로 버텨낸 것이 대표적인 사례라 할 수 있다.

가치제안은 내가 대상으로 하는 문제에 집중해서 그 문제를 해결할 수 있어야 한다. 그 해결의 정도가 완벽한 해결일 수도 있고 일부 개선이 될 수도 있다. 하지만 시장이 바라는 것은 이전 해결책에 비교되는 분명한 진보이다. 나의 제품을 통해 시장의 문제점이 조금이라도 개선될 수 있다면 나의 비즈니스 모델의 존재 가치가 생기는 것이다. 이를 혁신과 같은 모호한 단어로 표현할 수도 있지만 가장 단순하게 측정할 수 있는 것은 고객의 니즈나 시장의 아픔이 얼마나 개선되었는가에 있다. 아직은 이 비즈니스를 통해 돈을 얼마나 벌 것인가가 아니라 내가 타깃으로 했던 문제를 얼마나 풀어냈는가에 고민이 집중되어야 한다.

가치제안을 설계할 때 가장 조심해야 하는 것은 나의 제안에 대해 너무 방어적이 되지 말아야 한다는 사실이다. 비즈니스를 설계한다는 것은 시장의 참여자를 위해 무언가를 만들어내는 행위다. 하지만 모든 고객이나 참여자가 나와 동일한 생각을 갖지 않기에 나의 제안에 동의하지 않는 사람을 많이 만날 수 있다. 신념을 가지고 나의 생각을 지속적으로 주장하는 것도 하나의 방법이지만 타인의 비판을 많이 들어보는 것도 나의 가치제안을 좀 더 설득력 있게 만드는 방법이다. 모든 사람의 의견을 담아서 가치제안을 만들어내는 것은 불가능하지만 고려하는 것은 가능하다. 사업을 설계하는 단계에서의 유연함과 실제 실행함에 있어서의 단호함은 분명히 다르기 때문이다. 가치제안을 만들 때 마인드는 기초를 다진다는 생각이어야 한다.

또 하나 나의 해결 방안은 명확해야 한다. 대상 시장을 좁히더라도 내가 제공하는 가치를 명확하게 설계하는 것이 중요하다. 나의 대상 시장을 키우고 모델을 좀 더 멋지게 만들고 싶은 생각이 들기도 하지만 일단은 내가 문제를 풀어냈다는 확신을 시장에 보여주는 것이 필요하다. 시장이 내가 문제를 풀어냈다는 사실을 알게 되면 그 해결책을 확대 적용하는 것을 허용할 것이기 때문이다. 따라서 문제를 해결하기 위해서는 대상 문제가 무엇인지를 명확히 하는 것이 그 무엇보다 중요하다.

가끔은 내가 타깃으로 하는 시장의 아픔을 너무 거대담론으로 끌고 가는 경우가 있다. 대표적인 예가 블록체인을 기반으로 한 새로운 비즈니스 모델들의 시도였다. 디파이DeFi와 같은 탈중앙화 금융을 주장했던 그룹들이 주장했던 가치제안의 기반은 너무 거대했다. 개방/분산형 거버넌스, 현실 세상의 자산들의 디지털화, 그리고 모든 경제활동의 가상세계(메타버스) 이전이 그것이다. 블록체인이라는 기술을 활용해 보안 혹은 분산원장과 같이 시장의 문제를 해결한 사례도 있지만 대개의 경우 이들이 제안했던 가치는 너무 모호했고 큰 변화를 요구했다. 특히 코인경제라는 새로운 유혹은 많은 젊은이를 자신의 추종자로 만들었다. 하지만 분산금융도, 디지털 자산화도, 메타버스도 실제로 우리가 갖고 있는 아픔을 대상으로 하지 않았기에 그 가치제안이 공허했다. 디파이의 사례를 보면 넓은 공간에 흉가로 버려진 건물이 떠오른다. 기초도 튼튼하지 않았지만

3부. 비즈니스 모델 설계는 집 짓기처럼

너무 큰 땅에 너무 큰 집을 지으려 했던 시도로 보인다.

돈을 벌 계획(기둥을 올리자)

좋은 땅을 찾았고 기초를 다졌다면 이제는 본격적으로 집을 지어야 한다. 이제는 누구나 나의 집이 좋은 집이 될 것이라 믿지만 얼마나 큰(높은) 집이 될지는 아직 아무도 모른다. 1층짜리 나 혼자 거주하는 집이 될 수도 있고 고층 빌딩이 될 수도 있다. 비즈니스 모델 설계와 집 짓기의 가장 큰 차이점은 물리학이 적용되지 않는다는 사실이다. 비록 내가 찾아낸 땅이 작더라도 기초가 튼튼하면 고층 빌딩을 짓는 것이 가능하다. 즉 단단한 기초 위에 높은 빌딩을 짓는다는 것은 기업가치가 높은 비즈니스 모델을 만드는 것과 같다.

기둥을 올리는 과정은 기초를 만드는 과정과 비교할 때 조금 복잡하고 여러 가지 전문성을 요구한다. 가치제안이 창업자의 전문성과 노력에 의해 만들어질 수 있는 스토리라면, 수익공식은 이 비즈니스 모델이 수익을 창출할 수 있는지를 증명하는 과정이기 때문이다. 단순히 수익창출 방법을 정해서 알려주는 것으로 충분하지 않고 일정 시간 내에 규모 있는 이익을 만들어낼 수 있음을 증명해야 하는 것이다. 매출과 손익, 현금흐름, 그리고 기업의 가치라는 복잡한 일들이 우리를 기다린다. 따라서 수익공식을 제대로 만들기 위해서는 전문가의 도움이 필요할 때도 있다.

수익공식을 설계함에 있어 반드시 필요한 요소는 세 가지 정도가 있다. 첫 번째는 내가 대상으로 하는 시장의 크기를 산출하는 일이고, 두 번째는 이를 통해 창출 가능한 이익의 규모, 그리고 마지막은 추구하는 기업가치의 수준이다. 따라서 수익공식을 만들기 위해서는 TAM, SAM, SOM으로 불리는 대상 시장의 정의와 규모의 산정, 영업이익으로 대표되는 연도별 예상 이익의 규모, 그리고 산출 이익의 안정성을 감안한 기업의 가치를 설계하는 것이 필요하다.

가장 흔히 볼 수 있는 실수는 수익창출 방식을 수익공식으로 착각하는 경우이다. 이는 단어 그 자체에서의 혼동에서도 기인한다. 흔히 수익모델이 무엇이냐는 질문을 하고 이 답변에 광고, 수수료, 사용료, 상품 판매 등으로 답변한다. 즉 매출을 일으키는 방법을 수익 모델이라 이야기하고 더 넓게는 비즈니스 모델과도 혼동하여 사용한다. 하지만 우리는 수익을 창출하는 비즈니스를 설계하는 것이지 중간고사용 과제를 제출하는 것이 아니다. 따라서 비즈니스 모델을 설계할 때 수익공식은 이 비즈니스가 언제 어떻게 수익을 창출할 수 있다는 것을 증명하는 과정이어야 한다. 물론 이 과정이 너무 복잡하고 자세할 필요는 없다. 기본적으로 아래와 같은 방식으로 표현하고 이를 증명하는 과정이 될 것이다.

5년 뒤 이 비즈니스의 전체 시장 규모는 1,000억이고 우리의 매출 목표는 시장의 10%인 100억입니다. 추정되는 영업이익률은 30% 수준입니다. 따라서 동일 산업의 멀티플 10을 적용할 경우 당사의 기업가치는 300억으로 생각합니다.

또 한 가지 현재 내가 선택한 수익창출 방식이 영원히 나의 비즈니스 모델을 결정한다는 생각은 버리는 것이 좋다. 이의 가장 좋은 예가 배달의민족이다. 앞의 글에서 카멜레온이라는 표현을 썼고 요즘은 이러한 독단적 시장 운영으로 많은 욕을 먹고는 있지만 배달의민족의 투자자 입장에서 생각해보면 합리적인 경영 의사결정으로 생각할 수도 있을 것이다.

이런 의미에서 집 짓기의 기둥 공사는 수익공식을 만드는 것이다. 튼튼한 기초 위에 누구나 인정하는 기둥을 세워두면 이 집이 안정적으로 높은 타워가 될 것이라는 인식을 주게 된다. 수익공식을 설명하면서 '증명'이라는 표현을 쓴 이유는 이제는 이 비즈니스 모델이 높은 수익을 제공할 것이라는 확신을 투자자들에게 제공하는 것을 의미하기 때문이다.

손님을 맞을 계획(인테리어를 하자)

이제 마지막 단계이다. 고객관계로 표현한 비즈니스 모델 설계의 마지막 단계를 집 짓기에 비유하자면 인테리어라 할 수 있다. 공간이 만들어지고 나면 필수적인 생활은 가능하다 하지만 공간이 멋지게 만들어지면 그 공간만으로도 차별화가 가능하다. 수많은 카페들이, 레스토랑들이 이제는 음식의 맛을 넘어서 사진 찍기 좋은 공간으로 인식되기를 바라는 것과 같다. 아무리 음식이 맛이 있어도 공간이 매력이 없으면 고객을 끌어들이는 것이 쉽지 않다.

마찬가지로 나의 가치제안이 아무리 매력적이라 해도 고객관계를 공들여 설계하지 않으면 멀지 않아 나의 가치제안은 쉽게 복제되기 마련이다. 아무리 룰루레몬의 제품이 좋은 원단을 쓰고 디자인이 우수해도 그 제품은 복제되기 마련이다. 하지만 직영 채널을 통해 만들어놓은 고객관계와 앰배서더들과의 관계는 쉽게 복제하기 어렵다. 물론 이를 통해 만들어진 브랜드에 대한 신뢰나 팬덤은 더 복제하기 어렵다. 이렇듯 나의 가치제안을 보다 영속성 있게 만들어주는 과정이 바로 고객관계 설계이다.

고객관계를 설계함에 있어 조심해야 하는 것은 너무 급하게 너무 높은 수준의 고객관계를 설계하는 것이다. 아직은 아무도 모르는 브랜드를 가지고 구독 모델을 설계하는 것이 대표적인 실수이다. 요즘 구독이라는 단어가 유행처럼 쓰이고 있지만, 사실 구독은 매우 실현하기 어려운 방식이다. 구독은 고객의 입장에서는 나의 미래의 구매를 구속하는 가장 어리석은 선택일 수 있다. 그러기에 구독이 이뤄지기 위해서는 브랜드에 대한 신뢰가 필수적으로 형성되어야 한다. 즉 고객관계의 설계는 비즈니스의 성장과 더불어 진화하는 것이 적절하다.

물론 상황에 따라 일정 수준의 고객관계를 기본으로 설계하는 것도 방법이다. 하지만 이를 위해서는 충분히 깊은 주머니를 갖고

3부. 비즈니스 모델 설계는 집 짓기처럼

있어야 할 것이다. 내가 가진 자원을 고려하되 나의 가치제안이 가진 매력을 고려하여 시작점을 설정하는 것이 좋다.

비즈니스 모델 설계를 글쓰기에 비유하면서 이 책을 시작했고 이제는 집 짓기에 비유하면서 마무리하고 있다. 글쓰기에 비유한 것은 비즈니스 모델 설계가 갖는 스토리텔링의 특징 때문이었고 지금 집 짓기에 비유하는 것은 가치제안, 수익공식, 고객관계라는 세 가지 요소들을 만들어가는 과정이 단계적으로 집을 지어가는 과정과 유사하기 때문이다. 비유는 언제나 보다 깊은 생각을 가능하게 하면서 이해를 쉽게 해준다. 이 글을 읽는 독자가 비즈니스 모델을 설계하면서 집을 짓는다는 마음으로 땅을 찾고, 기초를 다지고, 기둥을 올리고, 마지막으로 인테리어를 하는 과정을 생각해보았으면 하는 마음이다.

쿠마상회의
생선회 택배 모델

쿠마라는 여의도 소재 일식집은 자연산 대형 어종을 중심으로 하는 일식 오마카세로 유명하다. 가격도 일반 오마카세 대비 경쟁력이 있고 제공되는 음식의 품질도 상당히 높기에 일주일 전부터 서두르지 않으면 예약을 하는 것이 쉽지 않은 맛집이다. 오너인 김민성 셰프는 24년 경력으로 일본에서 바닥부터 요리를 배워온 베테랑이다. 김민성 셰프는 일타쿠마라는 유튜브를 운영하면서 유명세를 탔는데 이때 소개된 어종으로 돗돔, 다금바리, 생참치 등 일상적으로 접하기 힘든 생선들이, 특히 숙성회가 많이 소개됐다. 유튜브를 통해 김민성 셰프의 전문성과 열정을 본 구독자들이 쿠마에서 제공하는 특별한 생선회를 맛보고 싶은 니즈를 갖고 있었다.

셰프의 특별한 생선회를 택배로 받아보는 것이 쿠마상회가 제시하는 가치제안이다

하지만 오프라인 매장의 특성상 서울이 아닌 곳에 거주하는 분들이 쿠마의 생선회를 맛볼 수 있는 기회는 없었다. 이러한 채워지지 못하는 고객의 니즈가 있었다. 쿠마상회는 이 니즈를 해결하기 위해 만들어진 온라인 스마트스토어이고 쿠마에서 제공하는 생선회가 대표 상품이고 손님에게 전달하는 방법은 택배를 통한 익일 배송이다.

쿠마상회가 시장에 제시한 가치제안은 생선회를 택배로 제공하는 것이다. 생선회를 택배로 판매한다는 것은 처음 듣기에 당황스러운 제안이었다. 가장 신선해야 하는 생선회를 택배를 통해 배달할 경우 생선회가 평균 24시간 동안 통제 불가능한 상황에 놓이기 때문이다. 물론 스티로폼 박스와 얼음 냉매를 통해 냉장 효과를 만들어낼 수 있지만 왠지 택배로 배달되는 생선회를 구매하는 것은 쉽지 않은 결정으로 보였다. 그런데 쿠마상회가 내놓은 해결책은 상당히 설득력이 있었다.

매일 새벽 신선한 생선을 노량진 수산시장에서 확보하여 생선회를 준비하고 이를 스킨진공이라는 방식으로 포장하여 냉장 택배로 배송하는 것이다. 스킨진공이라는 방식은 공기와 생선회를 완전히 차단하기에 부패라는 과정이 진행되기 쉽지 않은 환경을 만든다. 아니, 불가피하게 노출된 공기로 배송 중에도 건강한 숙성이 지속된다. 배송이 시작되어 24시간 이내에 손님들의 손에 도착하는데 그 품질이 현장에서 맛보는 것과 큰 차이가 나지 않는다. 물론 현장에서 맛보는 것과 비교할 때 일부 차이는 있지만 리뷰를 보면 불만을 제시하는 고객은 거의 없다. 김민성 셰프가 갖고 있는 생선에 대한 전문성을 바탕으로 택배에 소요되는 시간이 숙성의 시간이 되기 때문이다. 생선마다 숙성에 필요한 시간이 다르고 숙성 자체가 불가능한 경우도 있기에 생선에 대한 전문성 없이는 불가능한 일이었다.

현재 쿠마상회의 생선회 라인업은 돗돔회, 다금바리회, 생참치회, 줄전갱이회, 농어회, 민어회, 능성어회, 방어회, 도미회, 광어회 등이 있다. 노량진의 횟집처럼 모듬회를 판매하지 않는 것은 생선마다 숙성 시간이 다르기 때문이다. 또한 다양한 생선을 한 번에 같이 포장할 경우 색상, 수분, 질감 등을 통제하는 것이 불가능하기에 시각적으로도 고품질을 유지하는 것이 힘들다. 우리가 일반 상품의 당일 배송을 통해 느끼는 편리함을 생선회라는 가장 접근성이 떨어지는 상품에 적용해낸 것이 쿠마상회의 비즈니스 모델이다.

쿠마상회의 수익공식은 독특하다. 현재 시점에 쿠마라는 오프라인 식당을 함께 운영하고 있기에 가능한 점도 있지만 노량진이라는 수산물 경매시장에 매일 참가하기 때문이기도 하다. 생선과 같은 생물은 양식이 아닌 이상 공급을 예측하는 것이 힘들고 공급에 따라 가격이 춤을 춘다. 따라서 쿠마상회에서는 경매가격을 감안해 상품을 제공한다. 경매가격이 너무 비쌀 경우 상품은 판매가 중지된다. 예를 들어 방어의 가격은 1만 원에서 5만 원까지 변동폭이 심하다. 경매가격이 적정할 때, 즉 물량이 많아 가격이 충분히 매력적일 때 쿠마상회는 생선회를 판매한다. 가격이 생각하는 수준에 맞춰져야 쿠마상회에 생선회 메뉴가 오픈되고 판매가 시작되는 방식이다. 문제는 이러한 제한으로 인해 규모가 커지는 데 시간이 필요하다는 점이다.

2023년 말에 생선회를 처음 판매하기 시작하여 이제 갓 일 년이 지났고 아직도 충분한 생선회 라인업이 잡히지 않았지만 보리굴비, 장어구이, 홍어회 등 추가적인 라인업들이 추가되면서 현재까지 쿠마상회를 통해 생선회를 구매한 고객이 1만 명이 넘어서는 것을 보면 고객들은 쿠마상회의 가치제안을 수용하고 있는 것으로 보인다. 현재 쿠마상회의 수익공식은 작지만 견고하다. 이 작은 수익의 규모를 빠르게 성장시키는 것이 숙제이다. 물론 이를 위해서는 상품 라인업의 증가도 필요하지만 고객 수의 증가가 필요하다. 고객 수를 증가시키는 것과 수익을 키우는 일이 양날의 검인 것을 알기에 현재는 고객 수 확보에 집중하고 있다.

이 맥락에서 쿠마상회는 네이버 스마트스토어만을 고집한다. 쿠팡에도 실험 삼아 몇몇 상품을 올려놓고는 있지만 거의 99%의 매출을 자체 브랜드 사이트에서 판매한다. 쿠마상회의 목표는 단골 고객을 확보하는 것이기에 현재는 고품질의 상품을 경쟁력 있는 가격에 판매하고 있다. 현재 목표는 1만 명의 재구매 고객을 확보하는 것이고 이들이 쿠마상회의 알람 메시지를 스팸이 아닌 정보로 인지하게 만드는 것이다.

현재 쿠마상회 손님의 80%는 바다에 접하지 않는 내륙에 사는 분들이다. 훌륭한 자연산 생선회에 대한 니즈는 있지만 아무도 해결해주지 않고 있었고 이제는 그 니즈를 쿠마상회가 채워가고 있는 중이다. 한국인은 세계에서 수산물을 가장 많이 섭취한다. 매년 인당 70킬로그램의 수산물을 소비하는데 이 중 10%가 생선회라

가정하고 킬로그램당 가격을 1만 원으로 가정하면 생선회 시장의 크기는 4.2조 원이다. 택배를 통한 생선회 판매로 10%만 확보해도 4,000억 원이라는 시장이 나온다. 충분히 큰 시장이고 신뢰가 중요한 시장이기에 시간을 두고 축적하는 노력이 필요한 비즈니스 모델이다.

메이저맵의 진로 정보 플랫폼 학과라운지

많은 수의 고등학생들이 충분한 진로 정보 없이 대학과 학과를 선택한다. 다시 말해 성적에 맞춰 대학을 선택하고 학과를 고른다. 사람인 통계에 따르면 72.3%에 해당하는 학생들이 학과 선택을 후회하고, 학과가 맞지 않아 입사한 신입사원 중 조기 퇴사하는 비율이 28%에 이른다. 성적에 맞춰 대학을 진학하기 때문에 입학 당시에는 문제가 없다. 하지만 학업을 하다가 혹은 취업을 준비하다가 본인의 적성에 맞지 않아 뒤늦게 후회하는 학생들이 많다. 정보의 부재가 만들어낸 현실이다. 그런데 아쉽게도 학생들이 대학의 '학과 정보'를 찾는 것을 도와주는 서비스도 제대로 존재하지 않았다. 이 고객의 니즈를 바탕으로 메이저맵은 보다 쉽게 국내 대학 학과에 대한 정보를 찾을 수 있는 검색 솔루션을 제공했다. 모든 대학 학과 관련 정보를 크롤링해서 보여주는 방식으로 수십만의 학생들이 이 서비스를 이용했다. 문제는 수익창출 가능성이 거의 없다는 것이었다.

메이저맵은 수집된 학과 정보를 바탕으로 적성검사를 디지털로 바꾸는 서비스를 만들어낸다. 과거 서면으로 이뤄졌던 적성검사를 디지털 앱으로 구현하여 스마트폰 세대의 검사에 대한 접근성을 높였다. 비록 큰 시장은 아니었지만 모든 중고등학교에서 정기적으로 실시하는 적성검사 시장에서 독보적인 위치를 차지하기 시작한 것이다. 적성검사의 디지털화는 학생에게도 반가운 소식이었지만 진로지도를 하는 교사들에게도 큰 도움이 되었다. 동일한 적성을 가진 학생들을 모아 함께 지도하면서 이들이 커뮤니티를 형성하도록 도울 수도 있게 된 것이다. 이 새로운 가치제안을 통해 메이저맵은 수익을 창출하는 스타트업으로 자리를 잡게 된다.

이 두 가지 가치제안을 가지고 진학 시장을 공부하던 중 메이저맵은 시장에 존재하는 아픔을 발견하게 된다. 바로 입시라는 인생에 가장 중요한 이벤트를 두고 정보의 수요자인 학생과 공급자인 대학이 단절되어 있다는 사실이다. 즉 입시 시장에는 정보의 부재와 단절이라는 아픔이 존재하고 있었다. 정보 공급자인 대학들이 보다 적극적으로 학생과 만날 수 있는 플랫폼이 필요했다. 진정한 정보의 제공자인 대학의 학과들과 정보의 수요자인 고등학생을 연

대학의
특색 있는 정보

맞춤형
진로진학 정보

대학

MAJOR MAP

학생

맞춤형 신입생 모집
및 홍보 전략

사용자 진로 성향
및 활동 데이터

메이저맵은 고등학생과 대학이 만날 수 있는 진로진학 정보 플랫폼이다

결하는 플랫폼으로 진화하기 위해 메이저맵은 기존 학과 검색엔진과 디지털 적성검사를 통합하여 서비스를 고도화해가고 있다.

플랫폼으로서의 메이저맵은 진로 정보의 부족이라는 학생의 문제만이 아니라 학과에 적합한 학생을 뽑아야 하는 대학 학과의 문제도 해결한다. 대학은 학생의 중도 이탈과 인구 감소로 인한 신입생 부족이라는 절체절명의 위기에 봉착해 있다. 메이저맵은 현실적이면서 자세한 정보를 알고 싶어 하는 학생과 학과에 적합한 학생을 리크루팅해야 하는 대학이 만나면서 진학 시장에서의 정보 부재와 단절이라는 아픔을 해결하려 한다. 메이저맵은 양면시장의 참여자를 모두 모아야 하는 숙제를 안고 있지만 지속적인 홍보를 통해 이미 52만 명이 가입하고, 아직 베타 서비스 중이지만 40개 학과가 '학과라운지'라는 서비스를 통해 학과에 대한 정보를 제공하고 있다.

메이저맵의 학과라운지는 정보 제공을 광고로 전환시켜주는

3부. 비즈니스 모델 설계는 집 짓기처럼

'광고형 서비스'를 지향한다. 학과에 관련된 보다 자세한 정보를 누적형으로 관리할 수 있게 서비스를 제공하는 것이다. 단순한 대학교 정보에서 한 단계 더 나아가 학과별로 정보를 관리할 수 있게 광고 서비스의 타깃을 학과 단위로 좁혀가고 있다. 실제로 진학을 고민하는 고등학생들에게는 대학의 정보보다는 학과 단위의 정보가 보다 유용하기 때문이다. 현재 학과가 자랑하는 수업에 대한 보다 자세한 정보, 면접 질문에 대한 선배의 조언, 졸업생의 생생한 취업 후기, 학과의 분위기 등을 제공할 수 있도록 설계되었다. 메이저맵의 광고 모델은 학과 단위의 연 단위 사용료를 수익창출 방식으로 한다. 본질은 광고지만 광고 서비스로 확대한 모델로 가치사슬형 비즈니스에서 광고 수익을 한 차원 진화시킨 모델이라 할 수 있다.

산호오션테크의
역경매 낚싯배 찾기 플랫폼

산호오션테크는 낚시라는 산업을 대상으로 한 스타트업이다. 낚시의 종류에는 여러 가지가 있지만 그중에서도 〈도시어부〉라는 TV 프로그램으로 널리 알려진 선상낚시를 주요 대상으로 한다. 선상낚시는 초보자도 쉽게 즐길 수 있는 방식이기에 요즘 큰 성장세를 보이고 있고 젊은 층의 유입도 늘어나고 있다. 2023년 기준 국내 낚싯배 수는 약 4,500척, 연간 선상낚시 이용객은 520만 명, 1년 동안 발생한 낚싯배 예약 거래액은 6,200억 원에 달한다. 이 시장은 배를 가진 공급자인 선장과 이를 이용하여 낚시를 즐기는 수요자인 낚시꾼들로 이루어져 있다. 하지만 이 수요와 공급이 정보의 단절로 적절히 연결되지 못하는 것이 이 시장의 가장 큰 아픔이었다.

소비자 입장에서 선상낚시를 하기 위해 선장들에게 일일이 전화하여 여러 가지 정보를 확인 후 예약하는 아날로그식 예약 방식에서 느끼는 피로감이 굉장히 높다. 웹사이트에서 정보를 찾아도 예약을 위해서는 선장과의 통화가 필수적이다. 결국 아는 낚싯배를 항상 예약해서 나가게 되고 그 낚싯배의 정원이 가득 찬 경우 차선책을 쉽게 찾는 것이 어렵다. 선장 입장에서도 자기 배에 빈자리가 생겨도 쉽게 채울 방법이 없다. 낚싯배 이용자들은 배가 없다고 하고, 선장들은 이용자가 없다고 하는 미스매칭이 발생하고 있는 시장이다.

선상낚시 시장에서 정보의 단절이라는 아픔을 이해하고 산호오션테크는 선상낚시 출조를 위한 정보와 예약을 통합하는 모바일 앱, 히트업을 개발했다. 기존에도 낚싯배 예약을 위한 플랫폼이 있었지만 문제는 이러한 유형의 플랫폼이 가진 가장 큰 약점인 잦은 직거래로의 전환에 있었다. 앱에서의 예약을 통해 손님을 확보하고 나면 선장들은 직거래에 대한 유혹이 생기기 마련이다. 약 15% 남짓의 수수료를 회피하기 위해서다. 우리가 가사도우미 시장에서 보아왔던 인적 연결에서의 플랫폼 실패가 선상낚시 시장에도 존재했다.

히트업은 이 문제를 풀기 위해 역경매라는 새로운 방식을 제안했다. 수요자인 낚시꾼이 히트업에 낚시를 희망하는 날짜/장소/어종/예산/인원수를 올려놓으면 선장이 이에 가격을 입찰하는 방식이

히트업은 선장이 입찰하는 역경매 방식을 중심으로 가치제안, 수익공식, 고객관계를 설계했다

다. 과거에는 낚시꾼이 선장을 찾는 방식이었다면 선장이 낚시꾼을 찾는 방식으로 변경을 시도한 것이다. 낚싯배의 모든 자리를 채우고 싶어 하는 선장들의 니즈를 중심으로 비즈니스 모델을 변경한 것이다. 지금은 네이버가 인수해서 사라졌지만 당일 호텔 예약으로 유명했던 데일리호텔과 같은 모델이라 생각할 수 있다. 시간이 지나면 사라지는 낚싯배의 자리를 모두 채울 수 있게 도와주는 것이 히트업의 가치제안이었다.

산호오션테크의 수익창출 방식은 선장들에게 멤버십 월 구독료를 받는 방식이다. 우리가 익히 알고 있는 넷플릭스 월 구독 방식과 같다. 월 구독료를 내고 앱에 선장 회원으로 등록하고 나면 앱에 소비자들이 올린 '선사 매칭 요청' 글에 제안을 보낼 수 있다. 단순한 건당 수수료 방식이 아닌 멤버십으로 고객관계를 설계한 이유는 앞에서 제시한 플랫폼 바이패스를 근본적으로 차단하기 위함이다. 한 달에 10만 원 정도의 비용을 일종의 고정비용으로 생각하고 히트업을 파트너로 받아들이도록 공급자들을 설득하고 있다.

산호오션테크는 정확히 시장의 아픔을 인지했고 플랫폼의 제시를 통해 이를 해결하고자 했다. 모바일 플랫폼을 통해 양쪽 시장을 연결했고 동시에 이 해결 방안이 가진 바이패스라는 문제를 역경매와 멤버십이라는 도구를 통해 해결한 것이다.

애플리케이션을 통한 예약이라는 비즈니스 모델은 어느 영역에서나 볼 수 있는 흔한 케이스이고, 비슷한 시도를 하고 있는 기존 플랫폼들도 이미 존재하고 있다. 하지만 낚싯배 공급자 상황의 특수성에 대한 충분한 이해를 통해 시장의 아픔에 대응하는 가치제안과 수익공식을 설계한 것이 산호오션테크 히트업의 비즈니스 모델 설계에서 돋보이는 점이다.

페이블랩의
슈퍼팬 관리 플랫폼

　페이블랩은 음악 산업에서 아티스트의 독립적인 활동을 데이터 분석을 통해 지원하는 스타트업이다.

　전통적인 음악 산업은 대중의 눈과 귀를 장악하고 있던 레거시 미디어와 자본력과 유통 파워를 기반으로 유망한 아티스트를 발굴하고 음반을 제작하는 레이블(음반사)이 주도해왔다고 할 수 있다. 하지만 디지털 기술의 발전은 음악의 제작에서 유통, 소비까지 음악산업 가치사슬 전반에 변화를 가져왔다.

　비싼 장비나 스튜디오가 없어도 누구나 저비용으로 고품질의 음악 제작이 가능하게 되었고, 전 세계 수백 개의 스트리밍 사이트를 통해 음원을 발매하는 시대가 되었다. 실물 음반을 찍어내지 않아도, 라디오나 TV를 타지 않아도 대중에게 내 음악을 선보일 수 있게 된 것이다.

이처럼 디지털화가 진행되면서 레이블에 의존하지 않는 아티스트가 계속 증가하고 있다. 이러한 아티스트들을 독자 활동 아티스트라고 부른다. MiDIA에 의하면 2023년 기준 음원을 발매한 700만 명의 아티스트 가운데 5% 미만이 레이블에 소속되어 있다. 2023년 스포티파이의 전체 매출액의 절반은 독자 활동 아티스트와 독립 레이블로부터 발생했다.

디지털화로 인한 음악 산업의 변화에서 또 주목할 만한 것은 경쟁의 격화이다. 전 세계적으로 하루에 발매되는 음원의 수는 12만 곡에 달한다. 음악을 소유하기보다 스트리밍으로 소비하는 시대에 음악의 생명 주기는 짧아지고, 알고리즘에 의해 순식간에 인기를 얻는가 하면 금세 그 자리를 다음 곡에 내어주게 된다. 소셜 미디어를 통해 고객(청취자)을 쉽게 만날 수 있다고 하지만 넘쳐나는 음원들과 어떻게 경쟁할 것인가는 만만치 않은 숙제다.

이처럼 트렌드가 빨리 변하고 경쟁이 치열한 시대가 되면서 이제 음악 산업은 데이터 기반 비즈니스가 되어가고 있고 아티스트들은 절실히 도움을 바라고 있다. 이러한 고객의 니즈를 기반으로 나타나는 해결책이 첫 번째는 음악 데이터 분석 솔루션이고 두 번째는 팬덤 관리 플랫폼이다. 페이블랩은 독립 활동 아티스트와 팬을 연결하고 아티스트가 음악을 출시하는데 정보와 인사이트를 제공하는 피클사운드라는 솔루션이자 앱을 출시했다.

레이블의 지원이 없는 독자 활동 아티스트에게는 의사결정을 지원하는 효과적인 솔루션이 필수적이다. 하지만 데이터가 다양한 플랫폼들에 산재되어 있어 통합적인 관리와 분석이 어렵고, 또 단순히 음원 스트리밍이나 정산과 관련한 숫자들만으로는 내가 새로운 음악을 출시하는 데 필요한 도움을 얻기는 어렵기에 더욱 그러하다.

단순히 팬을 넘어 아티스트를 응원하는 슈퍼팬은 아티스트가 장기적으로 성장할 수 있는 기반이다. 한때의 인기몰이로 글로벌 시장에서 내 음원이 주목을 받았다고 해도 슈퍼팬 기반을 공고하게 하지 못하면 아티스트는 하룻밤의 신데렐라로 끝나기도 한다. 아티스트의 수익에 큰 비중을 차지하는 공연도 어느 지역에 어떤 유형의 팬들을 대상으로 추진해야 하는지는 결국 슈퍼팬을 파악하는 데에서 출발해야 한다.

아티스트는 '피클사운드'에서 자신의 홈을 만들고, 대중에게 자신의 음악 세계를 보여줌으로써 다른 디지털 마케팅 없이도 음악 팬을 모을 수 있다. 또한 자신의 음악을 등록하는 데 그치지 않고, '아티스트 보드' 기능을 활용해 음악 제작 단계부터 자신의 아이디어나 샘플 멜로디, 영감을 받은 사진, 영화, 타 아티스트의 음악 등 한 곡이 완성되는 데 필요한 다양한 콘텐츠를 시각화할 수 있다. 이를 통해 아티스트는 완성물이 아닌 제작 과정에도 다양한 방법으

로 팬들이 참여하도록 유도하며 색다른 유저 경험을 통해 자연스럽게 '슈퍼팬'을 늘릴 수 있다. 이 과정에서 일어나는 무수한 유저 반응은 수집, 재가공을 거쳐 현재 팬들이 얼마나 로열티를 지니고 있는지를 정확히 판별하는 '팬 스코어링 모델$_{FSM}$'의 기초 데이터로 활용된다.

페이블랩은 이처럼 '피클사운드'를 통해 수집하는 실제 유저 데이터뿐 아니라, 아티스트의 음악과 콘텐츠를 실제 구입한 팬들의 콘텐츠 사용 패턴, 공연 데이터, 외부 제3자 콘텐츠 플랫폼(음악 스트리밍 플랫폼, 동영상 플랫폼 등)의 다양한 아티스트 데이터를 수집해 아티스트 성장에 필요한 정밀한 분석과 예측 모델을 구축했다. 팬들의 활동이 아티스트를 지지하는 데 머무는 것이 아니라, 아티스트의 실제 성장을 위한 데이터이자 향후 방향성을 예측하고, 최적화된 마케팅 채널을 알려주는 항법사$_{Navigator}$ 역할을 하는 것이다.

전 세계 아티스트의 숫자는 700만 명에 이른다. 한국에만도 5만 명의 아티스트가 존재한다. 이들이 피클사운드의 고객이고 이들을 기반으로 피클 사운드의 가치를 증명할 수 있다면 글로벌로의 확장도 어렵지 않게 이뤄질 것이다. 아티스트는 피클사운드 서비스를 소정의 월 구독료를 지불하고 사용하면서 자기의 팬들을 피클사운드로 자연스럽게 끌어들이고 음반, 공연 티켓, 굿즈를 판매할 것이다. 페이블랩은 또한 아티스트가 피클사운드를 통해 벌어들이는 매출의 일부분을 공유하면서 독립 활동 아티스트와의 성장을 함께할 것이다. 페이블랩은 수많은 데이터가 범람하지만 정말 필요한 데이터는 구하기 어려운 아티스트의 니즈를 충족시키면서 아티스트 스스로 자신의 팬들을 페이블랩의 서비스로 끌어들일 수 있도록 비즈니스 모델을 설계했다.

비즈니스 모델이라는 단어를 보다 분명하게 이해하고 싶어 시작했던 책이다. 그런데 책을 마감하는 순간에 과연 이 목표를 이뤘는지는 의문이다. 그런데 플랫폼의 생각법을 쓰면서 배운 것이 한가지 있다면 첫 시도에 만족하지 말자는 것이다. 플랫폼의 생각법도 첫 버전 대비 두 번째 개정판은 많은 내용이 바뀌었다. 플랫폼 혁명의 이해라는 학교 수업을 진행하면서 배운 점도 많았고 외부 특강을 하면서도 좋은 질문을 통해 얻은 생각도 개정판에 모두 담았다. 그래서 책을 써나가는 데 있어 너무 완벽을 추구하는 것은 적절하지 않다는 교훈을 얻었다.

그렇다고 이번 책이 완전히 설익은 밥이라는 뜻은 아니다. 나름의 논리적 정합성을 갖추려 했고 충분히 의미 있는 사례들로 가설을 검증하려 했다. 가장 중점을 둔 것은 이 책을 읽는 독자들이 비즈니스 모델이라는 단어에 대해 좀 더 나은 이해를 갖고 삶이 편해지기를 바란 것이다.

그래서 이 책에서 가장 많은 고민을 한 지점은 비즈니스 모델 설계 방법론이다. 비즈니스 모델에 관련된 책들이 여러 권 있지만 모두 사례들로만 채워져 있기 때문이다. 수많은 사례에서 나와 유사한 사례를 찾고 이를 실무에 적용하는 것은 쉬워 보이지만 매우 어려운 일이다. 그래서 좀 어색하고 거칠더라도 나름의 원칙이 있는 것이 우리의 삶을 조금 쉽게 만들어주리라 생각하기에 나름의 설계 원칙을 만들었다.

비즈니스 모델은 창업의 시대를 거쳐 격동하는 변화 속에서 우리 모두가 생각해야 할 단어가 되어가고 있다. 이를 어떻게 쉽게 접근해서 제대로 활용할 것인가를 다룬 것이 이 책의 목적이라면, 아마도 그 목적의 50%도 달성했다고 자신 있게 말하기는 힘들다. 하지만 인공지능에게 비즈니스 모델이 무엇이고 어떻게 설계하느냐고

묻는 세상이고 그 인공지능은 100%에 가까운 자신감으로 답변을 하기에 인간이 해야 할 일은 집단지성을 통해 가장 인간다운 답을 찾아가는 것이라 생각한다. 제시된 설계 방법론에 대해 앞으로 많은 비판과 논의와 더불어 귀감이 될 수 있는 사례들도 함께 개발되었으면 한다.

iloveroch@gmail.com

성공하는 비즈니스 모델은
어떻게 설계하는가

1판 1쇄 인쇄 2024년 12월 5일
1판 1쇄 발행 2024년 12월 12일

지은이 이승훈 · 진영아
펴낸이 김기옥

경제경영팀장 모민원
기획 편집 변호이, 박지선
마케팅 박진모
경영지원 고광현
제작 김형식

디자인 푸른나무디자인
삽화 박지수
인쇄·제본 민언프린텍

펴낸곳 한스미디어(한즈미디어(주))
주소 04037 서울특별시 마포구 양화로 11길 13(서교동, 강원빌딩 5층)
전화 02-707-0337 | **팩스** 02-707-0198 | **홈페이지** www.hansmedia.com
출판신고번호 제 313-2003-227호 | **신고일자** 2003년 6월 25일

ISBN 979-11-93712-73-3 (13320)

이 저서는 2024년도 가천대학교 교내연구비 지원에 의한 결과임.(GCU-202400030001)
This work was supported by the Gachon University research fund of 2024.(GCU-202400030001)